会计信息披露质量

与提升路径研究

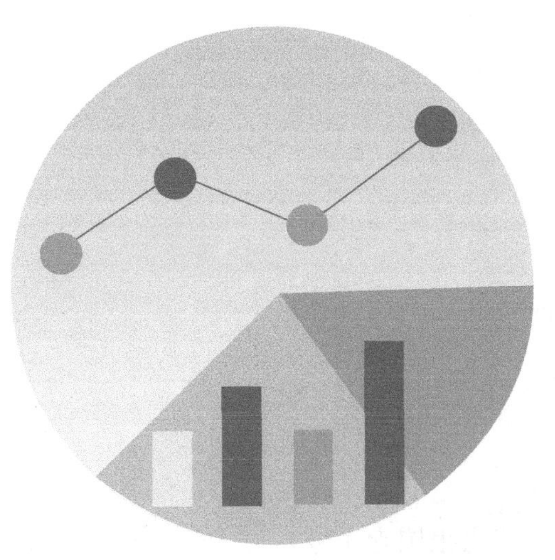

富钰媛　吴　迪　赵士强／著

中国商业出版社

图书在版编目（CIP）数据

会计信息披露质量与提升路径研究 / 富钰媛，吴迪，赵士强著. -- 北京 : 中国商业出版社，2023.12
ISBN 978-7-5208-2802-4

Ⅰ. ①会… Ⅱ. ①富… ②吴… ③赵… Ⅲ. ①会计信息—经济信息管理—研究 Ⅳ. ①F232

中国国家版本馆 CIP 数据核字(2023)第 247390 号

责任编辑：吴　倩

中国商业出版社出版发行
（www.zgsycb.com 100053 北京广安门内报国寺 1 号）
总编室：010-63180647 编辑室：010-83128926
发行部：010-83120835/8286
新华书店经销
北京七彩京通数码快印有限公司印刷
*
710 毫米×1000 毫米 16 开 10.25 印张 213 千字
2023 年 12 月第 1 版 2023 年 12 月第 1 次印刷
定价：50.00 元
* * * *

前　言

会计信息披露是指企业以公开报告的形式向信息使用者提供对其决策有重要影响的会计信息。这一过程涉及将财务和非财务数据以及其他相关信息透明地展示给各类利益相关方，如投资者、债权人、监管机构、员工和公众。会计信息披露的目的在于确保这些利益相关方能够基于充分、真实和及时的信息作出明智的决策。会计信息披露制度的形成可以追溯到企业所有权与经营权的分离以及委托代理关系的出现。随着企业规模的扩大，企业所有者（股东）通常不直接参与企业的日常管理，而是委托专业经理人进行经营管理。这种所有权和经营权的分离使得所有者需要依赖披露的信息来监督和评估经理人的绩效，确保他们的投资能够获得合理的回报。

本书从会计与现代信息技术、企业年报编制与披露的基础认知出发，详细阐述了企业会计信息披露的原则与形式、渠道与动因、内容以及对策建议。此外，还探讨了企业社会责任信息披露、会计信息披露质量提升非正式制度、内部控制信息披露管制，以及企业前瞻性非财务信息披露质量提升的相关内容，旨在提升会计信息披露的质量。本书内容全面、新颖，紧密联系实际，具有很强的系统性、科学性与先进性，对实验室管理的创新方法与策略研究有着一定的借鉴意义。

在本书撰写的过程中，我们得到了很多宝贵的建议，谨在此表示感谢；参阅了大量的相关著作和文献，在参考文献中未能一一列出，在此向相关著作和文献的作者表示诚挚的感谢和敬意，同时也请对撰写工作中的不周之处予以谅解。由于作者水平有限，编写时间仓促，书中难免会有疏漏不妥之处，恳请专家、同行不吝批评指正。

作　者

目　录

第一章　会计与现代信息技术

第一节　现代信息技术对会计的影响

现代信息技术正对传统会计理论、实务、教育和管理产生巨大的冲击，这种冲击将引起传统会计的巨大变革。

一、现代信息技术对会计环境和会计理论的影响

（一）现代信息技术对会计环境的影响

会计的产生和发展与它所处的环境有着密切的关系。会计环境是指对会计理论与实务的存在发展产生重大影响和依赖（包括直接的和间接的）的客观条件和状况，如经济环境、科技与文化环境、法律环境、国际环境等。信息技术对会计环境的影响，主要体现在以下几个方面。

1. 会计学向边缘学科发展

在 IT 环境下，会计学作为一门独立的学科将逐步向边缘学科转化。会计学作为管理学的分支，其内容将不断扩大、延伸，其独立性相应地缩小，而更体现它与其他经济管理学科相互依赖、相互渗透、相互支持、相互制约的关系。

2. 人们对会计信息的处理能力以及会计信息的质量要求大大提高

计算机技术、网络技术、软件开发技术和通信技术的高速发展，使得原来人们许多难以处理的会计问题变得轻而易举，这极大地提升了会计信息处理的能力。与此相对应，人们对会计信息的质量要求也日益提高，会计信息使用者要求实现会计信息的及时性、相关性、预测性，要求会计信息的共享化、个性化、数据库化、反映形式的多样化。

3. 会计信息系统成为企业整体资源管理的一个不可分割的子系统

传统模式下的会计信息系统被用于特定职能部门（如销售、生产等）的管理工作，而不可能跨越几个职能部门的业务过程提供整体性视图，这就造成在多个系统中数据被重复存储和数据不一致的问题。当业务事件发生时，信息技术环境下的会计信息系统中的所有原始数据都被适当加工成标准编码的源数据，集成于一个逻辑数据库（或数据仓库），任何授权用户都可以通过数据库所存储的数据来定义、获取所需的有用信息。这样，会计信

息系统就在一个整合、开放的环境下，与企业内外部系统实现了信息同步交流和信息共享，提高了信息的使用价值。

4. 会计国际化进程加快

信息技术缩短了国与国之间的距离，也加速了经济全球化的进程。人们可以通过网络交流各种信息，从事商务活动，进行远距离指挥与控制，这就使大范围地组织跨国跨洲的投资、贸易、金融、保险业务成为可能。随着各国经济交往的日益频繁，国际上的会计准则协调也是今后的必然趋势。

（二）信息技术对会计理论的影响

信息技术的应用对会计理论产生了深刻的影响。

1. 对会计目标的影响

会计目标是会计理论体系的基础，主要体现在向谁提供信息，应该提供哪些方面的信息或提供哪些信息等问题。传统会计把会计信息的使用者作为一个整体，提供通用的会计报表来满足他们对信息的需求。在网络经济时代，会计信息的需求者与会计信息的提供者可以利用网络实时双向交流。如会计在了解了企业管理层的决策模型之后，可以针对其需要，向其提供专门的财务报告和相关信息。因此，信息技术可以使会计能够提供适用于不同决策模型的含有不同内容的专用财务报告。

2. 信息技术对会计假设的影响

传统会计假设是与工业经济时代的会计环境相适应的。信息技术的发展使会计所面临的环境发生重大变化，这就从根本上使会计假设也发生了变化。

（1）对会计主体假设的影响

信息技术的发展使经济组织的结构和功能都具有较强的变动性。企业可以由多家独立公司通过信息技术进行迅速的联合和重组，形成一种临时性结盟组织即虚拟公司，达到共享技术、共摊费用以满足市场需求的目的。虚拟公司的出现，突破了以往的空间概念，它极大地改变了会计主体的存在方式。组成公司的各独立企业借助计算机网络迅速分组，随时根据实际情况需要增加或减少组合方。也就是说，虚拟公司作为会计主体，可能时而膨胀，时而缩小，还可能立即解散。虚拟公司使会计主体具有可变性，使会计核算空间处于一种模糊状态，虚拟经济是对传统会计主体假设的一个有力挑战。

（2）对持续经营假设和会计分期假设的影响

持续经营和会计分期是从时间的角度对会计活动作出的假设性规定。前者假设会计主体在可预见的将来不会破产解体，后者在此基础上出于核算和报告的需要，将企业的生产经营活动人为地划分为各个会计期间。但是这两点对于虚拟公司都无意义。虚拟公司随着市场机遇而产生，市场的瞬息万变决定了虚拟公司的不稳定性，它的存续时间可能很短，甚至只存在几分钟即宣告解散。在这种情况下，既谈不上持续经营，也谈不上会计分期。

另外由于激烈的市场竞争，会计信息使用者要求企业随时提供会计信息，以满足其决策的需要。而实际上，随着信息技术的高度发展，企业有可能即时生成会计信息，提供满足不同需要的实时财务报告。这样，传统会计分期假设同样不再适用。所以，随着信息技术的日益发达，我们应赋予持续经营和会计分期新的内涵，更多地从动态上对其进行把握。所谓动态，就是要适应不同使用者对信息“充分性”的需求，在纵向上既可提供实时的、预测性的信息，又可提供过时的、历史的信息；在横向上既能提供最底层的原始数据，又可以提供高度浓缩后的信息。

（3）对货币计量假设的影响

在网络经济时代，货币计量走向一个多重计量的模式，会计对象和会计确认的范围由资金运动向非资金运动领域拓展，货币和非货币计量单位都可以并且应该作为会计计量的单位；同时在计量属性方面，公允价值的地位将更加突出，对币值不变假设造成很大冲击；另外，“网上银行”的兴起，“电子货币”出现，极大便利了商品流通，但其本质仍是一般等价物。

3. 信息技术对会计原则的影响

（1）权责发生制原则

权责发生制原则是针对收入、费用等会计要素确认时间而产生的一项原则。它主要是为解决如何对会计要素进行跨期确认、分配的问题。由于虚拟公司存续时间短，往往只有一个会计期间即交易期间，公司收支均在同一交易期间内完成，不存在会计要素跨期分配的问题，显然此时权责发生制已失去其基础，采用收付实现制则比较合理——以现金的收入或付出作为收入实现和费用发生的基础，从而更好地反映虚拟公司的现金流量。

（2）历史成本计价原则

历史成本计价原则要求以历史成本来计量企业的资产价值，但信息技术条件下的虚拟公司作为一个临时性的组织，其所有会计要素均来自各个组合方没有有形的办公场所、固定资产、雇员等，仅仅作为一个抽象的联合体而存在。由于其存续时间短，否定了持续经营假设，使历史成本计价原则失去存在的价值，因此以公允价值作为计价基础，提供准确的会计信息。

（3）及时性原则

信息技术的快速发展，使得当业务事项发生时，会计信息系统可以通过网络技术、通信技术、计算机技术直接采集有关数据信息，实现会计和业务一体化处理。这样会计核算就从事后的静态核算转为事中的动态核算。凭借计算机的强大处理能力和网络的传输能力，信息使用者可以自主查询所需的会计信息。这种实时化的连续性报告，极大地丰富了会计信息的内容。

（4）重要性原则

重要性原则要求企业的会计核算应当遵循重要性原则的要求，在会计核算过程中对交易事项应当区别其重要程度，采用不同的核算方法。

重要性原则是针对传统手工会计条件下，会计人员处理会计信息能力有限而提出来的，它的直接目的是要求会计信息收益大于会计信息成本。信息技术的发展使会计人员从繁重的账务处理中解脱出来，会计人员有能力把会计信息的成本降低到可以承受的范围之内，所以信息技术条件下重要性原则应当予以淡化。

4. 信息技术对会计要素的影响

传统财务会计把会计要素划分成反映财务状况的会计要素（资产、负债、所有者权益）和反映经营成果的会计要素（收入、费用、利润）。随着信息技术的发展和应用，数据处理的速度越来越快，会计要素的划分可以更加细密和具有层次，以便更加准确地反映企业资金的运动状况。

5. 信息技术对会计职能的影响

反映与监督作为会计的两大基本职能沿袭至今，其重要性毋庸置疑，但在信息技术环境下，会计职能也有日益扩展之势。由于更多的信息子系统参与到企业管理的应用中，会计的扩展职能得到有效的分配，使得信息的收集与利用更为合理，大大降低了信息生产的成本，提高了信息利用的效率，而且信息技术环境为会计管理职能的实现提供了主要的技术支持。

传统会计核算的结果及过程中的信息，仅为原会计信息系统的输出服务，而原会计信息系统的输出设计未考虑会计现有的扩展职能，显然，会计若仍以原会计核算的信息作为基础，会计部门根本无法完成会计的扩展职能。此时，会计信息系统需要更多的、更全面的数据输入以满足扩展职能对信息的要求，与此同时，对这些输入数据进行相应处理后，应对相关业务环节及时进行反馈，以使这些信息在有效期内发挥应有的作用。依靠目前强大的信息化手段以及人们对会计重要性越来越深的认识，预测、决策、控制、分析作为会计的扩展职能被逐渐应用于实践。

可见，会计扩展职能的发挥需要全面及时的信息收集与反馈手段，肯定要通过高度信息化手段加以解决。同时会计人员将越来越多地参与企业管理与决策，信息技术的产生将对会计职能产生重大影响，而这种影响将随着信息化进程得到加强。

总之，在网络环境下的计算机信息处理环境，由于信息采集和处理的实时性、自动化性、多元性，使会计人员摆脱了繁杂的事务性工作，而能更多地转向非事务性的管理工作。会计人员将有更多的时间参与业务流程的优化、组织结构的调整、计量/约束/激励机制的建立，分析组织的业务活动和用户的信息需求，由会计信息系统（作为信息系统有机组成部分之一）按照拟定的程序进行处理，并将结果传递给相应的用户，等待用户的反馈。这一反馈又继续体现出信息用户的需要。如此周而复始，会计工作的管理职能将真正得以实现。

二、信息技术对会计实务和会计人员素质要求的影响

（一）信息技术对会计实务的影响

信息技术的应用对会计工作实务也产生了深远的影响。

1. 对会计组织机构设置的影响

在信息技术环境下，由于业务过程和会计过程的重组和整合，会计人员的会计工作将更多地与其他业务工作相融合，并参与到信息技术的统一环境下的综合管理中。因此，财务部门作为一个独立的组织机构的规模将逐步缩小，会计岗位设置需调整，更多的会计人员将成为各业务部门和企业综合管理部门的成员，为加强业务过程的财务管理和监督提供会计服务。

2. 对会计内部控制制度的影响

在信息技术环境下的会计信息系统是一个开放的系统，不同的会计信息使用者将根据授权调阅会计信息。如何建立严密的内部控制制度，保证会计信息的安全与完整，是信息技术环境下会计信息系统面临的一大难题。目前主要是从制度与技术两个方面来建立安全机制。制度上主要是放在数据的存取控制上，加强数据的输入、输出、调用管理。技术上目前主要采用防火墙、数据加密、访问权限控制等技术。

3. 对会计数据采集的影响

面向供应链的管理理念与信息技术相结合，改变了传统会计数据的“采集—核算—披露”流程的处理方式。所谓供应链管理是指通过加强供应链中各活动和各实体间的信息交流与协调，增大物流和资金流的流量和流速，使其畅通并保持供需平衡。企业内部网（Intranet）通过防火墙，一方面使企业与未授权的外部访问者隔离，另一方面允许内部授权的活动延伸到企业外部，与关联企业如供应商、经销商、客户和银行之间形成范围更广的网络应用系统，人们称之为企业外部网（Extranet）。在这种情况下，不仅是企业内部，就是企业外部的经济活动发生端的数据采集，也不再需要大量的财会人员根据原始凭证录入，而是系统的实时处理功能使数据的采集伴随网上交易、结算活动及物资与价值的流动同时完成，实现会计数据的实时采集。

4. 对财务报告的影响

当前的财务报告有许多局限，无法反映非货币化会计信息，无法反映企业发生的特殊经济业务，如某些管理咨询信息或财务报告分析信息、财务预测信息、有关企业未来经营成败的因素、企业在近期所面临的营业或行业风险、衍生金融工具等；受客观条件的限制，传统财务报告其格式基本统一，很少考虑不同财务报告使用者的需求。在信息技术环境下的“在线财务报告”会突破上述局限，拓展信息披露的范围，不仅提供财务信息，还会提供非财务信息；信息技术的发展，使会计信息数据库化，能够提供“按需财务报告”

模式，会计人员可以从会计信息数据库中提取不同明细程度的数据，从而为会计报表使用者提供不同格式、不同反映形式的个性化财务报告。

（二）信息技术对会计人员素质要求的影响

在信息技术环境下，企业会计人员的素质、所扮演的角色、工作重点和工作价值将发生巨大的变革。首先，信息技术的应用彻底改变了会计工作的处理工具和手段。由于大量的会计核算工作实现自动化，会计人员的工作重点将从事中记账算账、事后报账转向事前预测、规划，事中控制、监督，事后分析、决策的一种全新的管理模式。其次，在信息技术环境下，会计人员不仅要承担企业内部管理员的职责，随着外部客户对会计信息需求的增长，还应及时向外传递会计信息，为供应商、债权人、投资者、政府管理部门等提供职业化的咨询服务。

由于在信息技术环境下会计职能的变化以及会计信息采集、处理的实时性和自动化，使会计人员摆脱了繁杂的事务性工作，而是能把工作重点更多地转向非事务性的管理工作。会计人员有更多的时间和精力分析企业的业务活动和用户的信息需求，据此制定有关的信息记录、存储、维护和报告的规则等。因此，会计的管理职能得以真正实现，会计人员角色也将发生变化。信息技术环境无论是对会计人员的素质需求还是对会计人员的角色都提出了新的要求。

1. 信息技术对会计人员素质的需求

（1）应熟悉和掌握信息技术规则以及会计管理理论

在信息技术环境下，会计人员可以通过内联网（Intranet）、外联网（Extranet）和互联网（Internet）按事先制定的业务活动规则和权限来控制采购、仓储、生产和销售等环节财会数据的实时采集。此时，客观上就要求会计人员能够准确地分析数据、提出科学的分析结论和决策方案，将工作重心转移到对会计数据管理监控、分析和财务决策上来。

为了使会计人员能科学使用会计信息，一个重要的前提是未来的会计人员不仅要具有会计、管理和决策方面的知识，还应具有利用信息技术完成对信息系统及其资源的分析和评价的能力。

（2）适应会计信息化需求的应变能力

随着管理理念和信息技术的不断发展，会计信息系统也应不断地在发展中实现它自身的动态变革。与信息技术人员不同，会计人员适应会计信息化需求的应变能力重点表现在以下三点：①根据会计信息化和会计管理变革的新需求，提出对会计控制规则和会计信息规则变革的新需求。②制定各种业务活动、会计控制和会计信息的规则，协助信息技术人员正确理解、抽象和描述相关规则。③在信息技术人员完成规则变革的信息设计后，会计人员对会计信息系统的新功能进行验收评测。

2. 信息技术对会计人员角色的要求

第一，信息技术的发展应用，彻底改变了会计工作者的处理工具和手段。由于大量的核算工作实现了自动化，会计人员的工作重点将从事中记账算账、事后报账转向事前预测、规划，事中控制、监督，事后分析、决策。

第二，信息技术的发展应用，会计人员不仅要承担企业内部管理人员的职责，随着外部客户对会计信息需求的增长，还应及时地向外传递会计信息，为社会、债权人、投资者、供应商和客户、兄弟企业、政府管理部门等披露会计信息，提供职业化的会计咨询服务。

第三，信息技术的发展应用，会计人员不再仅仅是客观地记录和反映会计信息，而是应使会计信息增值并创造更高的效能。他们可以参与企业战略和计划的辅助决策，将注意力更多地集中到分析工作而不只是提供会计数据，使会计人员的作用更多地体现在会计控制与分析方面。

总之，未来的会计人员不仅要具有管理和决策方面的知识，还应具有利用信息技术完成对信息系统及其资源的分析和评价的能力。迅猛发展的信息技术正在把会计的方方面面推向一个新的时代，变革意味着会计仍将是一个充满生机的行业。面对即将到来的种种机遇，我们不应只是被动地接受或继承的思维方式和规则，而应积极主动地做好迎接未来挑战的准备。

第二节　会计信息化与企业信息化

信息时代的核心技术正以它的神奇力量改变着企业的生存模式，电子商务、远程办公、虚拟企业和虚拟组织的产生引起企业生产经营运作方式的变革，从而导致企业管理模式、信息交流方式、企业文化和企业的变化，引起全新的企业经营革命。

企业作为社会经济活动最基本的经济单元是国民经济的基础，推进企业信息化，对于提高企业核心竞争力有着重要的意义，而企业信息化的发展对会计信息化模式也产生了重大的影响。如何建立适合企业信息化发展的会计信息系统将是企业信息化建设的核心内容。本节将就企业信息化和会计信息化的基本理论、重点问题以及国内会计信息化现状与问题进行深入的研究。

一、企业信息化

信息化是当今世界社会发展的必然趋势，是工业经济向信息经济、工业社会向信息社会演变的动态过程。信息化设计的社会层面很多，企业信息化是信息化中的重要内容之一。

（一）企业信息化的内容

1. 企业信息化的概念

企业信息化涉及许多相关学科，经济学家、管理学家、企业家和政府官员都从不同角度对企业信息化的概念进行过各种各样的概括，提出了各种不同的定义。

根据我国企业经营管理的现实情况，企业信息化是指企业利用现代信息技术，通过对信息资源的深入开发和广泛利用，不断提高企业生产、经营、管理、决策的效率和水平，进而提高企业经济效益和企业市场竞争力的过程。

2. 企业信息化的发展阶段

（1）企业信息化的第一阶段

从20世纪50年代开始，由于计算技术的突破和发展、工业化国家经济发展及企业竞争的需要，以计算技术为基础的各种企业信息技术应用系统应运而生，如早期的计算机辅助设计（CAD）、60年代的管理信息系统（MIS）、库存订货计划（MRP）等，这是企业信息化的第一阶段。

（2）企业信息化的第二阶段

随着后工业化时代的到来，市场竞争对产品的开发与制造的要求是品种多、变化快、成本低、质量好；相应的生产方式则在规模化的基础上要求自动化、灵巧化、柔性化。这进一步推动了对信息技术和信息资源的利用和开发。从20世纪70年代开始到80年代末，产生了包括技术信息系统、制造自动化系统、管理信息系统、质量信息系统在内的全面生产作业管理信息化系统（CIMS）和企业制造资源计划（MRP-U），这是企业信息化的第二阶段。

（3）企业信息化的第三阶段

随着网络技术、通信技术的飞快发展以及经济全球化的加速，信息资源的重要性日益突出，企业已不满足单纯信息设备和技术的应用，更迫切要求对信息资源的整合开发和广泛利用。从20世纪90年代开始至今，产生了企业资源计划（ERP）以及利用内外联网的客户关系管理（CRM）、供应链管理（SCM）。此外，电子商务也开始迅速介入经济社会，这是企业信息化的第三阶段。

3. 企业信息化的特征

企业信息化的特征具体表现在以下五个方面。

（1）以信息技术为基础

信息化从某种角度说，就是信息技术的广泛应用过程，企业信息化也是如此，而且正是企业信息技术的不断发展，引起了企业信息化的不断深入。随着科学技术和经济的不断发展，企业信息化也将不断发展与完善，信息技术是企业信息化的基础。

（2）以信息资源开发为核心

信息资源是企业最重要的资源之一，开发信息资源既是企业信息化的出发点，又是企业信息化的归宿，在企业信息化体系中处于核心地位。随着信息化的深入，在传统的三大资源——土地、资本、劳动力的基础上，信息将成为企业的第四大战略资源，并且作为生产要素，其重要程度将日益增大，并引起企业生产经营、组织机构、企业文化等方面一系列的变革。

(3) 信息化覆盖企业经营活动的所有方面

很多人认为，信息化就是使用计算机连接互联网。其实，这种认识是很片面的。的确，企业信息化是要使用计算机和互联网，但是，信息化作为一种时代进步的推动力，早已突破了计算机科学和技术的范畴，涵盖了企业生产经营活动的各个方面和全部过程。以制造企业为例，企业信息化的内容主要包括生产过程信息化、流通过程信息化、管理决策信息化和组织结构信息化。

(4) 信息化的目的是增强企业竞争力

市场经济条件下企业只有具有市场竞争、需求拉动的外在压力和追求卓越、利润驱动的内在动力，才会有使用先进技术的迫切要求。企业信息化不仅需要在信息技术方面投入巨资，还必须忍受组织结构转变的阵痛，而且可能存在失败的风险，然而一旦成功就能够给企业带来巨大的经济效益。

因此，企业信息化的根本动力是生产力的巨大飞跃，企业实施信息化的目的就在于增强企业核心竞争力，提高企业经济效益。信息技术对企业生产、管理和组织结构等具有很强的渗透力，通过形成差异产品或服务、改变竞争方式、扩大竞争领域、减少交易成本、促进产品和技术创新、提高管理效率、增强抗风险能力七个方面，可以大大提升企业竞争力。特别是对于国有企业，通过实施信息化可以有效地降低成本、提高效率、减少信息不对称、改变经营观念、激发人员积极性，从而大大提升国有企业的竞争力。

(5) 信息化是一个过程

企业信息化不是一朝一夕能够完成的，特别是对于传统企业而言。信息技术起初的作用是战术层次的，但随着它向企业经营各个环节的渗透，会逐渐产生战略性的影响，从作为自动化的工具和信息沟通的手段，到决策支持直至促使企业运作模式和组织结构的变化，这可能是一个相当漫长的过程。

企业信息化发展的速度取决于两个因素：一是随着企业业务的发展而发展，而信息系统的发展、企业信息化水平的提高反过来又促进企业业务的发展。这样就形成一个良性的循环；二是随着员工对数字化工具使用水平的提高而提高。教育培训应该始终做在前头，应该把信息化工具的使用变成员工的成就感和舒适感，不能让企业信息化的发展使员工感到无所适从，疲于奔命。

由此可见，企业信息化是一个复杂的、综合性很强的概念，它涉及企业生产、经营、管理、营销、组织结构、企业文化等各个方面，需要从企业发展战略的高度给予高度的重视。同时，企业信息化也是一个新生事物，没有多少经验可以借鉴，需要在实践中不断总结经验教训。

4. 企业信息化的内容

企业信息化覆盖企业经营活动的全过程，不同类型、不同性质的企业其信息化建设所包含的内容也不一样。以制造企业为例，企业信息化的内容主要包括生产过程信息化、流通过程信息化、管理决策信息化和组织结构信息化。

（1）生产过程信息化

即形成以产品创新为核心、技术创新为动力的企业自动化生产信息运作系统，使生产要素的资源信息化、数字化，实现物质生产过程的优化和生产要素的高效利用集成，具体体现在以下三个方面。

①产品设计自动化。即采用现代设计技术，如计算机辅助设计（CAD）技术，在收集有关产品市场需求信息、产品品种质量信息及有关图案、有关技术指数信息的情况下，采用自动化的信息处理、制图设计方式进行产品设计，以提高设计效率和效果，加速原产品的不断改进和新产品设计、研制、开发。

②生产过程自动化。即企业在进行生产的过程中，全部生产环节使用计算机、智能仪表进行监控、处理，整个生产工艺技术操作采用自动控制、调节，各生产环节自动衔接，原材料、能源按程序自动调供，生产中出现的漏洞自动处理，实现整个生产流程自动优化运作，以使产品按预定生产量和质量要求通过自动化调节达标，并使生产水平得以不断提高。

③设备智能化。要使用数字仪表和微处理器，以使各类生产设备具有按生产目标要求进行自动化生产的功能。对新设备如此，对老设备也可通过安装上述设施，使其具有智能手段，能够生产低耗、高质的产品。

（2）流通过程信息化

即建设企业适应外部经济、市场变化，可迅速、灵敏反应的企业营销信息化系统，形成以市场应用为核心、市场创新为动力，企业内部与外部市场相沟通的企业市场信息体系，以能够利用信息技术和信息资源不断为企业创造更多的贸易机会。具体体现在以下三个方面。

①按照企业在生产过程中对原材料、能源供应品种、数量和质量的要求，建立原材料、货源信息采集系统和采购信息通道，以形成及时收集、处理、反馈原材料市场变化信息，保证原材料、能源供应渠道畅通，使采购工作有效进行的网络体系。

②按照企业生产的产品及时进入市场快速销出，以及时实现自身价值的需要，建立本企业产品的广告、销售信息系统和产品市场分析系统，以形成及时向外传播本企业产品市场销售信息及相关市场信息，保证产品销售渠道畅通和销售工作有效进行的网络体系。因为产品销售是企业营销工作的核心，要把企业产品销售网络体系作为企业流通信息系统的主干网。

③建立本企业产品售后服务和有关技术服务信息网络，用以及时收集用户对本企业产品质量、性能及有关服务、技术保障情况的反馈信息，以保证产品售后服务及有关技术服务及时、有效进行，并为产品更新、新产品开发提供条件和依据。

（3）管理决策信息化

企业管理工作包括计划、组织、指挥、协调、控制五项功能。管理信息化将彻底改善企业管理费时费力的现象，提高管理效率。通过建立企业管理信息系统（MIS），在获取充分信息的基础上制订的计划将更科学、更合理，而且能够随环境的变化而随时加以修正。组织职能的执行也将和信息化之前大不一样，由于组织结构的弹性化趋势，组织职能也随之适应这一变化，专门的信息部门将会出现。指挥路线不再是自上而下的单向指挥，而是自上而下和自下而上的双向指挥，指挥的效果能够得到及时的反馈，各部门之间的交流更加快捷、直接。控制职能特别是事前控制将发挥更大的作用，各种误差将得到及时的反馈和纠正。在企业信息化过程中，管理信息化将覆盖企业管理的各个方面，具体体现在以下三个方面。

①形成贯穿供、产、存、销的生产经营全过程的信息化管理。其中包括市场分析、计划安排、产品设计、原材料采购、能源供应、工艺操作、生产流程控制、全面质量管理、设备管理、物资储备、产品库存、产品销售、售后服务等方面的信息化系统管理。这种以市场需求驱动生产、服务的信息化经营方式，改变了以往从设计到生产，再到销售的技术驱动经营方式。

②形成对人、财、物、技术等生产要素分别施行管理。对人、财、物、技术等生产要素分别施行管理，并使之相互紧密结合、有效发挥作用的全方位的信息化管理，对人流、物流、财流和技术流程交互衔接运作的信息化系统管理。其中包括成本核算、物耗能耗管理、财务收支管理、劳动工资、收益分配、人力资源开发、劳动纪律、技术开发等方面的信息化管理系统。这要求改变以往那种封闭的、强制的、分而治之的、以纵向层级组织为主体的信息流程，代之以开发的、民主的、组合分工和大跨度管理的、以横向组织为主体的信息化运作。

③形成辅助决策进行、支持决策实施的信息化系统。要使企业决策者通过信息网络对产、供、销、人、财、物、技术等系统运作的全面掌握，结合对外部宏观经济环境、市场行情和国家有关政策的了解分析，实行智能化、程序化的科学决策，并通过其有效施行促进企业决策不断走向优化。要实现上述科学决策，则必须运用现代信息技术手段，大量开发企业内外部的信息资源，而且还必须通过企业信息网络和信息化工作程序才能得以有效完成。

（4）组织结构信息化

企业信息化不可或缺的一个组成部分就是建立与信息化相适应的组织结构模式，从而实现对组织中人力、物力、财力、信息资源的管理。因此，组织结构信息化对企业信息化的实现具有重要意义。

为了适应市场需求，不断推出新产品，企业必须具有产品改型设计的能力，即便产品本身具有柔性，也只有在系统能力（机床、搬运设备、工具、装夹具等的能力）范围内，产品设计的改造、升级才是比较容易的，这就是说，产品设计者设计新产品一定要在系统加工能力之内。设计部门与制造部门传统的单向传递关系转为交互式的依赖关系，设计者需要关于他们的设计是否合理，是否适合于制造的反馈信息，而生产调度人员需要有关未来产品的信息，以便安排生产计划。这种交互式依赖关系的增加使企业的通信联系形成一个网络，也使多功能的项目小组成为必要。这种以知识和技能为基础的多学科、跨部门的协同攻关小组将不断增多。同时，竞争日趋激烈和产品市场寿命周期缩短，迫使企业不得不简化管理层次，裁减管理人员。管理层次过多，虽然管理严密、分工明确，但是信息沟通容易受阻，被管理者缺乏创造性和积极性。因此，扁平化企业结构应运而生，它能够实现信息迅速传递、决策准确及时，充分调动人员的积极性，提高管理效率。

（二）企业信息化的意义

1. 企业信息化的意义

中国正处在改革开放的关键时期，信息化水平又较低，信息化建设就具有更重要的意义。首先，社会主义市场经济的建立，企业之间竞争的加剧，对信息的需求量是大量的、多方面的。这就形成了我国信息化建设的原动力。其次，加入 WTO，与国际市场对接，参与国际经济竞争，也迫切要求信息化建设和发展，以增强企业对市场的反应能力，提高市场竞争的效率。最后，有利于实施信息化带动工业化，工业化促进信息化的伟大战略，促进经济体制改革和经济增长方式的变革。

2. 企业信息化的趋势

综观企业信息化的国际发展情况，呈现出以下趋势。

信息管理从手工管理向自动化、网络化、数字化的方向发展。

信息管理从单纯管理信息本身向管理与信息活动有关资源的方向发展。

信息管理从分散、孤立、局部地解决问题走向系统、整体、全局地解决问题。

信息管理从收集和存储信息为主向传递和检索信息为主的方向转变。

信息管理从辅助性配角地位向决策性主角地位转变。

二、企业信息化的关键是会计信息化

（一）会计是一个信息系统

从企业信息化的角度看问题，会计的各项活动都体现了对信息的作用。填制与审核凭证是收集信息、初步确认信息；设置账户是为了获取某种信息而定义的模型和框架；复式记账是对信息的分类；登记账簿是进一步确认信息；财产清查是确认账面信息；成本计算是通过各种分类的方法，将有关成本信息从发生的总费用中提炼出来；编制会计报表是汇总信息；经济活动分析是对会计信息的反馈；会计管理是会计信息的使用；会计决策是对会计信息的充分利用；会计检查主要是审查会计信息。从这个意义上说，会计是一个信息系统。

1. 会计信息系统的意义

从会计信息系统的含义来看，会计信息系统的意义表现为以下几点。

第一，反映了会计作为一种数据处理科学的基本特征。如果把会计作为一个整体来看待，则贯穿会计活动始终的是数据的采集、输入、存储、加工处理和传输，这与信息系统的基本特征是相吻合的，即会计数据处理是符合信息系统特征的。

第二，将会计定义为一个信息系统，等于在理论上确立了会计是一个整体的概念，对于会计教学、会计研究、会计实践以及会计管理必将产生积极的推动作用。

第三，将会计定义为一个信息系统，有利于将会计置于现代信息技术之中，完成信息技术与会计的融合，实现会计信息化。同时，也有利于促进信息技术及其产业的发展。

第四，将会计定义为一个信息系统，既有利于人们认识会计信息系统在企业管理信息系统中的地位，也有利于在会计信息化过程中实施长计划、短安排的战略思想。按总体部署、分步实施的原则，建设企业的会计信息系统，乃至企业管理信息系统。

2. 会计信息的使用者及其作用

会计信息的使用者有两种基本类型：企业外部的使用者和企业内部的管理部门。会计信息系统是为外部信息使用者和内部信息使用者服务的。

（1）企业外部会计信息使用者

企业外部的会计信息使用者包括投资者、债权人、政府机构、客户、供应商、职工。企业的投资者最关心企业的经营，他们需要评价企业过去和预测未来的经营活动。资产负债表、利润表和现金流量表等财务报告是满足他们这些需要的最重要的手段，这也是会计信息系统的传统职责。

投资者也不可避免地从企业以外获取被投资企业的信息。如证券公司、金融机构等。向企业提供信用的金融机构，对企业的信誉、偿债能力以及企业的未来发展是非常关心的。企业的财务报告是这些信息的一个重要来源。

政府机构诸如财政、税务、审计等部门也需要企业的会计信息，而且这些需要对企业来讲可能是多种多样的。会计信息系统在满足他们的需要方面起着重要的作用。

在市场经济时代，企业的客户可以说是企业最重要的外部利益群体。客户所需要的与会计信息系统有关的信息包括在有关销售经济业务的记录中。供应商是企业原材料存货或可供销售商品的供给者。供应商也需要通过会计信息系统了解它的信用程度以及支付能力方面的信息。企业内部的职工，不仅关心企业的诸如工资水平、福利和利润等方面的信息，也关心工资、个人所得税等方面的信息。

（2）企业内部会计信息使用者

与外部会计信息使用者形成鲜明对比的是，向内部提供的会计信息是自由决定的。向谁提供信息，提供多少信息，在什么时候提供信息，必须由企业及其会计部门作出选择，这自然增加了会计信息系统设计者的难度。当然，会计信息系统不仅向企业管理者提供信息，也从企业内部获取信息。无论是从企业内部获取信息，还是向企业内部管理者提供信息，都必须在信息的成本和效益之间作出选择，衡量的标准是效益大于成本。值得注意的是，尽管会计信息系统是大多数企业主要的、正式的信息系统，但并不是唯一的信息系统，这是因为企业还可以从会计信息系统以外的渠道获取信息。

（二）企业信息化的关键是会计信息化

会计信息系统是企业管理信息系统中的一个重要的子系统。由于会计是以货币的价值形式反映和监督企业整个生产经营活动过程的，因此会计信息系统与其他子系统相比有其明显的特点。

1. 信息量大

据测算，会计信息量占企业全部信息量的70%左右。如此大的信息量都是经过会计人员在会计信息系统中进行收集、输入、存储、处理和传输等各个环节生成的。

2. 精确性高

会计信息系统尽管从表面上来看处理的是一些数据、信息，但透过现象看本质，我们不难发现，这些数据、信息涉及的是与企业有利害关系的各方的利益。因此，会计数据不仅要正确，而且要可靠。正确性与可靠性的衡量标准就是现行的会计法规、会计准则和会计制度。

3. 全面性

会计信息是全面反映企业供应、生产、销售各个环节并全面参与企业管理的综合信息，它是由会计信息系统采集、加工和输出的。会计信息的全面性决定了会计信息系统的全面性。

因此，会计信息系统是全面地反映、监督和控制整个企业的生产经营活动，保证以最小的投入取得最大经济效益的子系统。至于企业管理信息系统中的其他子系统，它们一方面参与经济活动数据的采集，另一方面又是会计信息系统的客户。但这些子系统，无论是提供会计数据，还是作为会计信息的客户，终究反映和监督的只是企业生产经营活动的一个侧面。如人事劳资子系统，仅反映企业人员、考勤、工资额方面的信息。

4. 综合性

会计信息系统是以货币这种形式来反映和监督企业的生产经营活动的，货币的特有功能决定了会计信息系统输出的会计信息具有一定的综合性。任何以实物计量单位和劳动计量单位表示的信息在货币面前都不再有任何差别，与货币同化了。

5. 复杂性

会计信息系统的复杂性主要体现在两个方面：一是会计信息系统内部结构的复杂性。在静态上它由资产和权益两个方面构成；在动态上由收入、费用和利润三个方面构成；在静态与动态的综合上由若干个子系统构成。二是会计信息系统在企业内部不是独立存在的，它与企业管理信息系统中的其他子系统有错综复杂的联系，这是由会计信息系统所处的地位决定的。

总之，会计信息系统在企业管理信息系统中居于十分重要的地位，而且这种地位是其他任何子系统都不可取代的。这也从侧面使我们认识到研究企业信息化的关键是会计信息系统及其与其他子系统的关系问题，即会计信息化问题。

社会信息化已成为这个时代的主旋律，社会信息化的基础是企业信息化，企业信息化的关键是会计信息化，实现企业信息化应该从会计信息化开始。加快会计信息化的发展将成为下一个阶段我国信息化建设的重要任务，加快会计信息化进程是时代赋予我们的重任。

（三）企业信息化对会计信息化模式的影响

随着企业信息化事业的不断发展，企业信息化对会计信息化模式产生了重大的影响，表现为以下几个方面。

1. 对会计数据输入形式的影响

在企业信息化环境下，会计数据的输入形式发生了很大变化。一是书面形式的原始凭证在很多情况下被电子数据所代替，如电子商务产生的交易凭证，商场收款机采集的销售凭证，计算机集成制造系统自动记录的生产数据等。二是原始凭证的输入点在大多数情况下不在财会部门，而在产生数据的业务部门，如采购部门、销售部门以及办公自动化环境中。三是大多数记账凭证将由会计信息化系统自动产生。会计数据输入形式的改变将会给传统会计岗位的设置、数据处理流程、会计数据资料的生成与管理带来一系列的变革。

2. 对会计数据处理内容的影响

传统会计数据的处理围绕会计要素展开，会计信息主要是价值信息，最后形成若干通用会计报表传递给信息使用者。在企业信息化环境下，数据库信息为整个企业信息系统共享，它存放的是企业最基本的经济活动事项的数据，而不是按会计要素进行货币计量并分类、归并和综合化的数据。利用数据库技术、网络技术和计算机极强的数据处理能力，使会计信息化系统在企业管理信息系统中的综合系统地位得到加强，由原来的以提供日常核算资料为主，发展到对企业的各类管理人员提供信息。另外，基于互联网的会计信息化系统，也大大扩展了会计数据处理的时空范围，远程处理、实时监控成为可能。

3. 对数据处理流程的影响

在企业信息化环境下，数据处理流程发生了很大变化。一是数据处理流程的起点由财会部门的凭证输入点扩展至企业的业务源头，即各业务部门。二是日常的会计数据处理和信息输出均由计算机网络系统自动进行，除非出现计算机安全问题，计算机内部数据处理一般是不会出差错的。因此，在计算机内部没有必要模仿手工处理流程进行账账核对和某些试算平衡处理环节。国外甚至有学者提出，传统会计的借贷记账方法、记账凭证生成、记账等环节都不是必需的，需要某种信息时由经济业务数据文件直接即时生成即可。

4. 对会计数据生成与管理的影响

企业信息化以后，会计数据的生成与管理将会发生很大变化。一是由于集成系统处理总是以最基本的交易事项为处理单元的，因此记账凭证的数量将会十几倍地增加，再打印记账凭证将会付出较高代价。二是书面形式的原始凭证或不存在，或分散在企业的业务源头，再强调记账凭证与原始凭证的书面匹配，将会人为增加冗余的业务流程和处理工作量。三是随着社会信息化的发展，会计信息的查询、使用，明细账、总账以及财务报表的生成、发布越来越趋向于网上在线实时生成的形式。因此在信息化环境下，基于书面资料的会计数据生成与管理办法应过渡到基于电子数据的会计数据生成和管理办法。

5. 对会计数据处理组织的影响

传统会计组织结合内部控制的要求按会计工作的不同内容进行划分，并相应地配备会计人员开展数据处理工作。在会计信息化系统中，原先由会计人员分工完成的许多内容都由计算机集中自动地完成，因此组织形式和人员配备必然会发生较大变化。尤其是当企业信息化发展到一定程度和规模时，会计信息化系统将完全融合于整个企业信息系统中，企业内部传统的部门界限、数据处理职能分隔将越来越模糊。企业会计组织内部乃至于整个企业内部的岗位职责都需要重新定义和组合。

6. 对内部控制的影响

在企业信息化环境下，传统的以部门控制为主的控制模式不再有效，而必须建立新的以保证计算机信息系统安全和信息安全为目标的内部控制制度。内部会计控制的范围将从会计组织内部扩展到整个企业乃至全社会。

三、会计信息化的含义与特征

（一）会计信息化的含义

1. 会计信息化的含义

第一，会计信息化就是利用现代信息技术（计算机、网络和通信等），对传统会计模式进行重构，并在重构的会计模式上通过深化开发和广泛利用会计信息资源，建立技术与会计高度融合的、开放的现代会计信息系统，以提高会计信息在优化资源配置中的有效性，促进经济发展和社会进步的过程。会计信息化是国民经济信息化和企业信息化的基础和组成部分。

会计信息化应该体现信息环境下会计变革的要求，反映会计与技术的结合及其相互影响。会计信息化的含义应该是结合现代信息技术对传统会计进行重整，并据以建立开放的会计信息系统。这种系统将全面运用现代信息技术，使业务处理高度自动化，信息高度共享，能够主动和实时报告会计信息。会计信息化使企业内人人都可能成为会计信息的处理者和使用者，并将通过网络系统接受企业外部会计信息使用者的随时监督。传统以簿记为主的会计组织将可能消失。

第二，会计信息化是将会计信息作为管理信息资源，全面运用以计算机、网络和通信为主的信息技术对其进行获取、加工、传输、存储、应用等处理，为企业经营管理、控制决策和社会经济运行提供充足、实时的信息。

第三，会计信息化是在会计工作中广泛应用信息技术，开发信息资源，利用信息促进企业发展经济和提高经济效益，并向社会各方面提供多方位信息服务的过程。

以上是近年来会计界对会计信息化的各种认识和解释，这说明会计界对会计信息化理念的认可和赞同，同时也进行了积极而有成效的探索。

2. 对会计信息化的认识

会计信息化不同于网络会计。会计信息化是基于现代信息技术平台，融物流、资金流、信息流与业务流为一体，反映会计与现代信息技术相结合的，高度数字化、多元化、实时化、个性化、动态化的会计信息系统。理由如下。

第一，我们正处在后工业社会向信息社会的过渡时期，信息化已经成为世界性的大趋势，政府也十分重视信息化建设。在这样的形势面前，怀疑广大的会计实务人员和会计理论工作者从“会计信息化”字面上无法直接感觉到会计信息化与计算机网络技术和信息集成等的联系，实在是过低地估计了会计实务工作者和会计理论工作者的素质。

第二，会计的目标是提供以财务信息为主的经济信息，只有关心和利用会计信息的人士，才会从他们的切身体会中对会计的目标有所了解和认识。他们知道在会计信息化的理念下会计信息的时间性、空间性和效率性会更加增强。

第三，信息化是以网络化为基础的，甚至是网络化的代名词。会计信息化在强调对环境变化、竞争和顾客需求以及供应商的反映方面来说比计算机网络会计更加直接明了。

（二）会计信息化的特征

1. 会计信息化的特征

会计信息化的特征体现在以下四个方面。

（1）普遍性

现阶段会计信息化赖以存在的依据还是传统的会计理论，既没有修正传统的会计理论体系，也没有构建起适应现代信息技术发展的完善的会计理论体系。从会计信息化的要求来看，普遍性是指现代信息技术在会计理论、会计工作、会计管理、会计教育诸领域的广泛应用，并形成完整的应用体系。

（2）集成性

会计信息化集成包括三个层面：首先，在会计领域实现信息集成，即实现财务会计和管理会计之间的信息集成，协调和解决会计信息真实性和相关性的矛盾；其次，在企业内部实现财务和业务的一体化，即集成财务信息和业务信息，在两者之间实现无缝连接，使财务信息和业务信息能够做到真正融合在一起；最后，建立企业与外部利害关系人（客户、供应商、银行、税务、财政、审计等）的信息网络，实现企业内外信息系统的集成。信息集成的结果是信息共享。企业内外与企业有关的所有原始数据只要一次输入，就能做到分次利用或多次利用，既减少了数据输入的工作量，又实现了数据的一致性，还保证了数据的共享性。

（3）动态性

动态性，又名实时性或同步性。会计信息化在时间上的动态性表现在：首先，会计数据的采集是动态的。无论是企业外部的数据，还是企业内部的数据，无论是局域数据，还是广域数据，一旦发生，都将存入相应的服务器，并及时传送到会计信息系统中等待处理；其次，会计数据的处理是实时的。在会计信息系统中，会计数据一经输入系统，就会立即触发相应的处理模块，对数据进行分类、计算、汇总、更新、分析等一系列操作，以保证信息动态地反映企业的财务状况和经营成果；最后，会计信息的发布、传输和利用能够实时化、动态化，会计信息的使用者也就能够及时地作出管理决策。

（4）渐进性

会计信息化的渐进性具体应分三步实现。首先，以信息技术去适应传统会计模式，即建立核算型会计信息系统，实现会计核算的信息化；其次，现代信息技术与传统会计模式相互适应，表现为：传统会计模式为适应现代信息技术而对会计理论、方法做局部的小修小改，扩大所用技术的范围（从计算机到网络）及所用技术的运用范围（从核算到管理），即管理型会计信息系统，实现会计管理的信息化；最后，以现代信息技术去重构传统会计模式，以形成现代会计信息系统，实现包括会计核算信息化、会计管理信息化和会计决策支持信息化在内的会计信息化。

2. 会计信息化的要求

会计信息化包括信息的生产和应用两个方面：一方面是开发会计信息资源，从各种渠道收集和生成会计信息；另一方面是应用会计信息，用于企业内部和企业外部。在会计信息化的过程中，要广泛应用信息技术。会计信息化要求体现在以下三个方面。

第一，会计信息技术和信息资源，在企业管理的各个方面和全过程得到应用；企业管理的各个方面也要充分重视会计信息的利用，发挥会计信息在企业资源配置和经济效益增长方面的作用。

第二，会计信息在不同层次的网络化，用于社会的不同方面。这一要求的实现，取决于会计信息集成化的程度。从横向上来说，首先是会计信息系统内的集成，即财务会计和管理会计的集成；其次是企业内部财务和业务的集成，使得财务与业务能够一体化；最后是企业内部与企业外部通过互联网进行的信息集成。从纵向上来说，就是要实现企业过去、现在和将来不同时态上的信息集成。在这个基础上，建立各级政府的会计信息中心，集成所辖行政区划内的会计信息，为各级政府的经济决策服务。

第三，会计信息进入现代信息网络，用于国际的交流。随着中国加入世界贸易组织，与世界其他国家之间的资本流动逐渐增加，会计作为一种国际商业语言的作用日渐明显，会计信息在国际的流动要求与日俱增。国际互联网使得会计信息用于国际交流从必要性转向了现实可能性。

四、会计信息化的内容

会计信息化的核心内容是建立会计信息系统会计信息化中的核心工作是利用现代信息技术，构建由计算机、网络、操作系统、数据库管理系统、会计软件、数据文件、会计和系统管理人员等组成的会计信息系统。

会计信息化的内容是极其广泛而丰富的，可以从不同的角度进行归纳。本节遵循着会计信息化的发展过程和会计信息化的应用范围两条线索进行讨论，进而提出会计信息化的内容。

（一）从会计信息化的发展过程看

从会计信息系统的内容来看，会计信息系统包括财务会计和管理会计两个方面的内容。财务会计是通过确认、计量、记录和报告来实现对会计对象要素的记账、算账和报账功能，即会计核算。管理会计则主要是预测经济前景、参与经济决策、规划经营目标、控制经济活动和考核评价经营业绩。将财务会计和管理会计统一起来考虑，就是以事前为主的“决策”、以事中为主的“管理”和以事后为主的“核算”。

另外，从会计信息化的发展过程来看，主要分为三个基本的阶段，即会计核算信息化、会计管理信息化、会计决策支持信息化三个阶段。所以，无论是从会计信息系统的内容上讲，还是从会计信息化的阶段上讲，会计信息化都不外乎是会计核算信息化、会计管理信息化和会计决策支持信息化三个方面的内容。

1. 会计核算信息化

会计核算信息化按信息载体不同可分为会计凭证、会计账簿和会计报表三个子系统。

会计核算信息化属于事务处理系统。其特点表现为：会计核算信息化是会计信息系统的最底层，它跨越企业与其环境之间的边界；会计核算信息化是为会计管理信息化和会计决策支持信息化提供信息的主要生产者。

会计核算信息化是会计信息化的第一个阶段，主要内容包括建立会计科目信息化、填制会计凭证信息化、登记会计账簿信息化、成本计算信息化、编制会计报表信息化等。

2. 会计管理信息化

会计管理信息化系统按会计管理的内容可以分为资金管理、成本管理和利润管理三个子系统。会计管理信息化的主要表现为：它不仅支持作业层和管理层的结构化和半结构化决策，而且对决策层的计划工作也是有用的；会计管理信息化一般是面向报告和控制的；会计管理信息化依赖于企业现有的数据和数据流；会计管理信息化一般用过去和当前的数据辅助决策；会计管理信息化是针对内部的而不是外部的；会计管理信息化的信息需求是已知和稳定的。

会计管理信息化是在会计核算信息化的基础上，利用会计核算提供的数据和其他有关数据，借助计算机会计管理软件提供的功能和信息，帮助会计人员筹措和运用资金，节约生产成本和经费开支，提高经济效益。

会计管理信息化主要有以下任务：进行会计预测；编制财务计划；进行会计控制。

3. 会计决策支持信息化

会计决策支持信息化是会计信息化的最高阶段，在这个阶段由会计辅助决策支持软件来完成决策工作。该软件根据会计预测的结果，对产品销售和定价、生产、成本、资金和企业经营方向等内容进行决策，并输出决策结果。主要包括经营活动决策模型及其应用、投资活动决策模型及其应用、筹资活动决策模型及其应用。

会计决策支持系统与会计信息系统的其他子系统共同构成了一个完整的会计信息系统，它们相辅相成，分别完成会计核算、会计管理、会计预测决策等相关工作。其中会计核算信息化是基础，是后两个层次的重要数据来源，会计决策支持信息化是从前两个阶段的信息化发展而来的，决策所依据的数据要靠前者来提供。会计决策支持信息化的特点表现为：具有灵活性、适应性和快速响应性；会计决策支持信息化让用户设置和控制系统的输入和输出；会计决策支持信息化基本上不需要专业程序员的帮助；会计决策支持信息化一般是针对非结构化问题的；会计决策支持信息化需要使用复杂的分析和建模工具。

会计核算信息化、会计管理信息化和会计决策支持信息化可以是独立的信息系统，但更应该是集成的信息系统。这是因为会计信息系统本来就是一个整体。一方面，会计核算信息化、会计管理信息化和会计决策支持信息化存在着紧密的关系；另一方面，集成化的会计信息系统的效率远远超过各子系统独立存在的效率。

（二）从会计信息化的应用范围看

会计信息化应用范围涉及部门、企业、集团企业、供应链等方面的应用，与此相适应，会计信息化的内容包括面向部门应用的会计信息系统、面向企业应用的会计信息系统、面向集团企业应用的会计信息系统、面向供应链应用的会计信息系统。

1. 面向部门应用的会计信息系统

面向部门的会计信息系统是企业财会部门专用的信息系统，它在物理上独立于企业其他部门的信息系统，会计信息的采集、输入和处理是后台批处理的进行，会计信息系统与其他业务系统之间形成相互独立的“信息孤岛”。面向会计部门应用的会计信息系统应用属于会计信息化的初级阶段。

2. 面向企业应用的会计信息系统

面向企业的会计信息系统是企业整体管理信息系统的一个有机子系统，会计信息系统与其他业务系统进行集成，通常作为 MRP-U、ERP 等系统的一个模块出现。其最显著的功能是多数会计原始信息将在业务系统中实时、自动地采集，并自动生成记账凭证和完成自动记账，克服了“信息孤岛”的弊端，大大提高了工作效率和信息的及时性。面向企业会计信息系统的应用属于会计信息化的中级阶段。

3. 面向集团企业应用的会计信息系统

面向集团企业的会计信息系统是运行在集团企业协同网络平台上集团企业管理系统的一个子系统，此时，会计信息系统的最大特征是，会计信息系统目标具有双重性，即一方面要满足单个企业会计管理的需求，另一方面还要满足集团企业整体会计管理的需求。面向集团企业会计信息系统的应用属于会计信息化中级阶段的集团内部应用。

4. 面向供应链应用的会计信息系统

面向供应链的会计信息系统是运行在供应链各联盟企业协同网络平台上的企业管理系统的一个子系统，此时，会计信息系统的最大特征是提升整个供应链企业联盟的竞争能力。面向供应链会计信息系统应用属于会计信息化的高级阶段。

第三节　会计信息系统

回顾人类社会发展的漫长历史，18 世纪蒸汽技术的发明实现了社会的工业革命，从而使人类社会由农业经济时代进入工业经济时代。而进入 20 世纪中后期，IT 技术特别是互联网（Internet）技术的飞速发展及其广泛应用，使人类正在从工业经济时代跨入一个崭新的时代——信息经济时代。信息技术正在改变一切。信息技术的发展不仅动摇了整个社会的基础，而且将使社会赖以存在的经济环境发生深刻的变化，并彻底改变社会发展的运行方式，使人类进入数字化时代。

随着人类科学技术的进步与发展，会计数据处理技术依次经历了手工处理、机械化处理、电算化处理和信息化处理四个阶段，不仅使用的会计工具发生了重大变革，更为重要的是在数据处理的规模、效率和质量等方面都存在着很大的差别。

一、会计信息系统的产生

（一）会计数据处理技术的发展

1. 手工处理

它完全是靠人工来收集、分类、汇总和计算会计数据，使用的工具主要有笔墨、纸张、算盘、计算器等。这一阶段，会计数据要在凭证、账簿和报表之间进行大量重复的抄写，存在着会计数据处理速度慢、容易出错、工作量大和会计人员需要量多等缺点。因此，这种传统的会计数据处理方式将被逐步取代直至最终淘汰。

2. 机械化处理

它借助于会计专用机械，采用卡片穿孔技术来收集和处理会计数据。这一阶段，虽然打破了会计处理长期依赖手工的局面，但机器的工作程序仍然要由人工操作和控制，存在体系庞大笨重、成本过高、操作困难和稳定性较差等缺陷。因此，这种会计数据处理技术只是昙花一现，并没有得到推广使用。

3. 电算化处理

它主要是利用电子计算机及其辅助设备来收集与处理会计数据，使会计人员实现了劳动力的解放。这一阶段，虽然用户还要录入大量的记账凭证，但从根本上改变了会计工作环境，具有速度快、准确性高、处理量大和存取方便等优点，是会计发展史上一次重大革命。因此，这种方式目前被各个单位广泛应用。

4. 信息化处理

它利用由计算机技术、网络通信技术和信息感测技术等组成的信息技术来收集和处理会计数据。这一阶段，大量的会计原始数据可从企业内外其他系统直接获取，系统内的会计数据处理起点由电算化阶段的记账凭证变成原始凭证。随着原始凭证标准化问题的解决以及网络安全技术的日臻成熟，经过数字签名的原始凭证将会直接进入会计信息系统，经济数据的高度共享使单位的“小会计”核算系统转变成“大财务”管理系统，从而实现财务与业务一体化。

（二）会计信息系统的产生

在信息技术日新月异、管理理念层出不穷的时代，会计信息系统不但融会了会计、计算机、管理和信息等多方面的内容，并且其外延与内涵还将不断地拓展和丰富。会计信息系统根据包括内容的多少有狭义和广义之分。

1. 狭义的会计信息系统

仅指电子计算机技术在会计工作中的具体应用，其基本含义是指用电子计算机代替手工完成记账、算账、报账以及手工很难完成的会计工作。它强调会计信息系统是一门技术，注重实务操作。简单来理解，会计信息系统就是会计和计算机的结合应用。

2. 广义的会计信息系统

包括与会计工作有关的所有内容，如财务软件的开发、会计信息化宏观政策、会计信息化实施、会计人员培训、内部制度的建立、财务软件市场的培育与发展等。可见，会计信息系统是一个复杂的系统，加强内部的组织与协调管理显得尤为重要。

二、会计信息系统的概念

（一）会计数据

1. 概念

数据是反映客观事物性质、形态、数量和特征等属性的符号，如计算机显示器为 17 英寸、会计实务课考试成绩为优秀等。会计数据是指用于描述各种经济业务属性的数据，如银行存款 100 万元、固定资产 900 万元、注册资本 5000 万元和利润总额 130 万元等。

2. 表现形式

数据一般有数字、文字、图表、声音、影像等表现形式，在会计凭证、会计账簿和会计报表中所记录的文字和数字都属于会计数据。

（二）会计信息

1. 概念

信息是经过加工处理后有用的数据。会计信息是指按照会计特有的方法和要求对会计数据进行加工处理后所形成的有用会计数据，如经审核通过的有关资产、负债、收入、费用和利润等财务信息。

2. 种类

会计信息从其加工程度和使用层次来看，可分为以下三大类。

（1）财务信息

财务信息是指企业过去已经发生的经济活动信息，即凭证、账簿和会计报表中所反映的内容和数据。例如，货币资金期末余额为 107 万元，“应收账款”本期发生额为 45 万元，本期实现“净利润”为 88 万元等。

（2）管理信息

管理信息是指企业现在管理所需要的特定信息。它通常是在财务信息的基础上进行汇总、分析、计算等形成的，如资产负债率、流动比率、存货周转率、销售净利率、现金流量比率等。

（3）决策信息

决策信息是指企业为未来预测与决策活动提供的有关信息。它通常是在财务信息和管理信息的基础上，结合其他信息（如国家政策、网络信息、市场调查），运用一定的管理方法，得到决策未来经济活动的有关信息。例如，预测资金需要量、编制生产计划、调整投资规模等。

（三）会计数据与会计信息的关系

会计数据与会计信息之间既相互联系，又相互区别，其关系表现为以下两个方面。

1. 先后之别

从根源上来讲，先有会计数据，后有会计信息。会计信息是根据会计数据加工而产生的，会计数据属于原始数据，会计信息属于加工数据，没有会计数据也就没有会计信息。

2. 相互转换

从加工过程来看，会计信息本身也是一种会计数据。会计信息按照用户的特定需要还可以进一步加工生成新的会计信息，被加工的会计信息相对于新生成的会计信息就是会计数据。可见，会计数据和会计信息是一组相对的概念，可以相互转换。例如，记账凭证相对于原始凭证就是会计信息，但对会计账簿来说，它则是会计数据；会计账簿相对于记账凭证就是会计信息，但对会计报表来说，它则是会计数据。

（四）会计信息系统

系统是指为实现某种特定目的而建立的由一系列彼此相关、相互联系的若干要素组成的一个有机整体。信息系统就是对数据进行处理，生成特定信息的一种系统。虽然各种信息系统提供的信息有所不同，但作为一个信息系统都应具有采集数据、加工数据、存储数据、传递数据和输出信息五个基本功能。

会计主要是对经济业务发生后产生的有关数据进行一系列处理的过程，它依次包括取得原始凭证、编制记账凭证、登记会计账簿、编制会计报表和进行财务报告等五项工作。有序的会计工作之间相互依存，环环紧扣，与信息系统的基本功能及其顺序一一对应，充分体现了会计本身就是一个信息系统。

综上所述，会计信息系统就是利用数据处理技术对会计业务数据进行采集、加工、存储和处理，并为用户提供会计信息的系统，其英文缩写为 AIS（Accounting Information System）。

三、会计信息系统的性质

（一）会计信息系统的特征

在信息化时代，每个单位都要建立管理信息系统，它通常包括会计信息系统、物资管理信息系统、生产管理信息系统、技术管理信息系统、销售管理信息系统、劳动人事管理信息系统等子系统，其中会计信息系统是单位管理信息系统中最为重要的一个子系统。

会计信息系统与管理信息系统中的其他子系统相比，具有以下五个方面的特征。

1. 数据量非常大

会计信息系统以货币为主要单位，对生产经营活动进行系统、连续、全面、综合的核算和监督。在企业经营活动中，每一项具体品种、规格的材料物资、机器设备、工具器具的增减变动，每一笔现金、存款、应收、应付以及大大小小的收支，不分多少都要纳入会计信息系统，同时还要经过加工处理，求得全面反映各项财务状况和经营成果的综合性数据。会计数据计算不仅要非常详细，而且需要长时间存储，因此，会计信息系统的数据量非常大，一般占管理信息系统数据总量的70%~80%。

2. 数据结构复杂

会计信息系统对经济活动主要是从资产、负债、所有者权益、成本和损益五个方面进行反映。在复式记账方法下，会计数据在这五个方面既有内部的纵向联系，又有横向联系。同时，为了满足经济管理的需要，不仅要进行总分类核算，而且还要进行明细和序时核算，并且相互一致。

3. 数据处理方法规范

为了使不同单位之间以及同一单位不同时期的会计数据具有可比性，财政部对会计信息系统要处理的各项经济业务，都规定了一套必须严格遵守的准则、制度和方法。例如，固定资产折旧、存货计价、成本计算、收入确认、利润分配、报表编制等会计业务的处理方法和要求，在会计制度中都作了有关的规定，并且必须严格执行，不能随意更改。

4. 数据要求标准高

会计信息系统对数据的全面性、真实性、准确性和及时性要求很高。在单位供应、生产、销售和分配等各种经济活动中，必然会涉及资金的投入与退出、耗费与收回，这些资金的流动和变化不仅要进行会计核算，还要采取内部日常审核、外部审计监督和工作中互相牵制等措施确保原始收集的数据、产生的中间数据与输出的最终信息的真实性，同时还要利用会计原理中的三大平衡和四种核对以保障会计信息的准确性。为了提高会计信息的有用性，会计制度要求账务要日清月结、财务要按时报告。

5. 数据安全隐患多

会计信息系统主要反映企业财务状况和经营成果等方面的数据，有些数据需要保密不得随意泄露，有些数据需要安全可靠地保管，不能被破坏和遗失。特别是在信息化时代，网络财务软件的应用使得动态、开放的会计信息系统越来越多地面临黑客的威胁。因此，单位应采用各种有效措施，加强防范与管理，保证会计信息系统的安全可靠。

会计信息系统与传统手工会计相比较，在会计方法、会计规范、会计主体和会计目标等方面都基本相同，但二者之间也存在着显著的区别，主要表现在以下五个方面。

（1）数据处理自动化

手工会计处理数据的工具主要是算盘和计算器等，而会计信息系统中则是以计算机和网络通信技术为主要工具来处理会计数据的，财务人员只要把采集的原始会计数据按照规定的格式和要求输入计算机，剩下的大量数据计算、分类、存储、传输、输出、检索等工作，便可由计算机自动、高速地来完成。这一特征也是会计信息系统其他特征产生的根源。

(2) 信息存储隐形化

在手工会计中，会计数据的存储介质是看得见、摸得着的纸张介质，表现为一沓沓凭证、一本本账簿和一张张报表，保管难度大，占用空间较多，查找不便。而会计信息系统则是用磁性介质（硬盘、软盘）或光盘来隐形化存储信息，会计信息以文件的形式存储于光磁介质上，人们不能直接识读，只能通过计算机及相应的软件编译后才能看到。光磁介质存储信息具有信息量大、体积小、查询速度快、易复制和删除等特点。

(3) 账务处理程序统一化

在手工会计中，根据登记总账的依据不同，通常有记账凭证、汇总记账凭证和科目汇总表等各种账务处理程序，各单位应根据会计业务的繁简程度和财务管理要求从中选取一种来使用。在会计信息系统中，为了保证数据的一致性，便于修改和维护，要求统一采用记账凭证账务处理程序。同时，会计信息系统也兼容了其他账务处理程序，用户能够查询科目汇总表和汇总记账凭证等会计信息。

(4) 数据处理集中化

手工会计要将会计工作按照不同性质的会计业务划成一系列专业岗位，进行分组核算，一般设立有工资核算、材料核算、成本核算、销售核算和账务处理等岗位，对数据采用分散收集、分散处理和重复登记。会计信息系统则是按照数据加工处理的流程进行分工组织，通常划分为数据收集审核组、数据输入组、数据输出组和系统维护组等，实行了数据集中收集、统一处理和信息共享使用。

(5) 内部控制全面化

在手工会计中，为了保证会计数据的真实性和准确性，主要采用试算平衡、核对账目等方法，进行多人员和多环节的组织控制。实施会计信息系统后，大量的会计业务处理是在财务软件程序控制下由计算机系统自动来完成的，靠账簿之间互相核对来实现的差错纠正控制已经不复存在，计算机在硬件和软件结构、环境要求、文档保存等方面的特点决定了会计信息系统的内部控制必然增加新的内容。这样一来，内控范围就从单纯的组织控制扩展为操作控制和程序控制相结合的全面控制。

（二）会计信息系统的作用

单位实施会计信息系统对于提高会计核算质量，促进会计职能转变，提高企业经济效益等具有重要作用。

具体表现为三个提高和两个推动，共五个方面。

1. 减轻会计人员劳动强度，提高会计工作效率

实现会计信息系统后，只要把采集的会计数据按照规定的格式和要求输入计算机，剩下的大量数据计算、分类、存储、传输、输出、检索等工作，如审核签字、记账、对账、试算平衡、账龄分析和编报等，便可由计算机自动、高速地完成。这样，不仅可以把广大的会计人员从繁重的记账、算账、报账工作中解脱出来，而且还可以提高会计工作效率。

2. 促进会计工作规范化，提高会计工作质量

在会计信息系统中，为了保证会计数据输入、处理的正确性，其采用了大量的技术手段对会计数据进行检测，从而对会计数据的来源提出了一系列规范化的要求，不符合要求的数据将不被接收，数据处理过程是在严格遵循《会计制度》规定编制的程序控制下进行的。这在很大程度上解决了手工会计中不规范、易出错、易遗漏等操作问题，促使会计基础工作更加规范，如借贷不平衡的凭证系统不予保存、未审核的凭证不能记账，有未记账的凭证不能结账、本月结账后不能再进行凭证日常处理等，从而使会计工作质量得到进一步提高。

3. 促进会计职能转变，提高会计人员素质

实现会计信息系统后，工作效率的提高使会计人员能够腾出更多的时间和精力来参与企业经营管理，利用财务软件使财务会计及其管理工作从事后监督转变为事前预测和事中控制，使会计职能由原来的核算和监督扩展到预测、决策、控制、分析职能，会计职能的增强真正发挥了会计的管理功能。财务软件是会计信息系统的中枢和核心，不但要求广大会计人员要熟悉会计专业知识，而且还要掌握财务软件的操作技能，同时还应具备差错纠正和排除故障的系统维护能力。这种全面的知识结构与复合的专业技能，大大提高了会计人员的综合素质。

4. 促进会计理论研究，推动会计管理制度改革

会计信息系统不仅是会计数据处理手段的变革，而且还对会计核算对象、结算周期、账务处理程序、凭证编制方法、账簿登记要求和审计程序等方面产生了深远的影响。这就为会计理论研究和改革开辟了新领域，提出了新问题，有些会计理论不仅已经过期淘汰，甚至被批判和颠覆。

5. 促进信息化技术应用，推动企业实现信息化

会计信息系统是企业管理信息系统的重要组成部分，一般来说，会计信息占整个企业管理信息的三分之二以上，且大多数是综合性的信息。会计信息系统的率先实施，为企业实现管理信息化奠定了重要的基础，将带动和加速整个企业信息化的最终实现。局域网络和广域网络的建立与开通，为整个企业实现经济信息资源共享，提高经济信息的使用价值提供了良好的技术条件。

第二章　企业年报编制与披露

第一节　企业信息披露体系

企业信息披露体系是指企业在经营过程中向外界公开其财务状况、经营成果、未来发展前景及其他相关信息的制度和机制。一个完善的信息披露体系不仅能提高企业透明度，增强市场信任，还能有效管理和控制风险，提升企业的市场竞争力和长期可持续发展能力。

一、信息披露体系的构成要素

（一）财务信息披露

财务报表包括资产负债表、利润表、现金流量表和所有者权益变动表。财务报表是最基本的信息披露内容，反映了企业的财务状况、经营成果和现金流量。

附注和说明是对财务报表中的重要项目和异常事项进行详细说明，帮助投资者和其他利益相关者更好地理解企业的财务状况和经营成果。

（二）非财务信息披露

非财务信息披露是指企业在其年度报告、季度报告、环境、社会和治理（ESG）报告等文件中，除了财务信息之外，还披露关于企业运营、环境保护、社会责任、公司治理等方面的定性和定量信息。这类信息帮助投资者和利益相关者全面了解企业的运营状况、风险管理和可持续发展能力，补充财务信息的不足。通过系统、全面的非财务信息披露，企业不仅能够提高信息透明度，满足利益相关者的需求，还能够提升企业的社会责任感和可持续发展能力，从而在激烈的市场竞争中获得长期的竞争优势。

（三）前瞻性信息披露

前瞻性信息披露是指企业在其财务报告、年度报告、季度报告以及环境、社会和治理（ESG）报告等文件中，除了披露过去和当前的财务和运营数据外，还提供对未来发展方向、战略规划、市场前景、风险因素和其他相关预测信息的披露。前瞻性信息披露帮助投资者和其他利益相关者更全面地了解企业未来的潜力和预期表现，从而作出更加明智的投资和决策。通过披露对未来发展的预测和规划，帮助投资者和其他利益相关者全面了解企业的未来潜力和预期表现。尽管前瞻性信息披露面临一定的挑战，但其重要性不容忽视。

通过科学、合理的前瞻性信息披露，企业不仅能够增强透明度和信任度，支持投资者作出更明智的决策，还能够提升企业形象和市场竞争力，促进企业的可持续发展。

二、信息披露体系的主要原则

（一）真实性和准确性

真实性和准确性是信息披露体系的核心原则，通过确保信息的真实和准确，企业能够提高信息披露的质量和可信度。这不仅有助于增强投资者和利益相关者对企业的信任，支持其作出明智的投资和决策，还能够提高企业的市场声誉和竞争力，促进其可持续发展。企业应通过建立健全的内部控制体系、加强外部监督和审计、提高信息披露质量等措施，切实落实真实性和准确性原则，实现高质量的信息披露。

（二）及时性

及时性原则是信息披露体系的重要组成部分，确保信息在最短的时间内传递给投资者和其他利益相关者。这不仅能够提高企业的透明度和市场信任度，支持投资者作出及时而明智的决策，还能提升企业的市场声誉和竞争力。企业应通过建立高效的信息披露机制、加强内部沟通与协调、应用先进技术以及定期培训与制度建设，切实落实及时性原则，实现高质量的信息披露。

（三）完整性

完整性原则是信息披露体系的基本要求，通过全面、系统地披露所有重要信息，企业能够提高信息透明度，支持投资者作出全面准确而明智的决策，提升企业的市场声誉和竞争力。企业应通过建立完善的信息披露制度、加强内部协调和沟通、提升信息披露质量以及定期审查和改进等措施，切实落实完整性原则，实现高质量的信息披露。

（四）可比性

通过确保信息披露的标准化和一致性，使得投资者和其他利益相关者能够进行横向和纵向的对比分析，作出更为准确和有效的决策。企业应通过制定统一的披露标准、加强内部控制和审计、提升信息披露质量以及定期评估和改进等措施，切实落实可比性原则，实现高质量的信息披露。这不仅有助于提高信息透明度和市场效率，还能够增强企业的市场竞争力和投资吸引力。

（五）透明性

透明性原则是信息披露体系中的一项基本原则，强调企业应当公开、明确地披露所有可能影响投资者和利益相关者决策的信息，确保信息的公开性和易获取性。透明性原则的核心在于信息披露的开放和透明，确保企业活动和决策过程对外界是可见的。通过公开、明确地披露所有重要信息，企业能够提高信息透明度，支持投资者作出全面准确而明智的决策，提高市场信任和效率。企业应通过建立完善的信息披露制度、加强信息披露管理、应用先进技术、提升信息披露质量以及定期审查和改进等措施，切实落实透明性原则，实现高质量的信息披露。这不仅有助于提高企业的市场竞争力和品牌声誉，还能够促进资本市场的健康发展和资源的优化配置。企业应尽量减少信息披露中的不透明因素，确保信息披露过程和内容的透明度，增强市场的信任度。

三、信息披露体系的实施机制

（一）内部控制和审计

建立健全的内部控制制度和审计机制，对信息披露的各个环节进行监督和管理，是确保信息披露的真实性、准确性和完整性的关键措施。企业应通过建立全面的信息披露流程、明确责任分工、完善内部控制制度、设立独立审计机构、规范审计流程、形成详细的审计报告、建立多层次的监督体系和管理制度，以及定期评估和改进等措施，切实落实内部控制和审计机制，提高信息披露的质量和透明度。这不仅有助于增强投资者和利益相关者的信任，促进资本市场的健康发展，还能够提高企业的市场竞争力和品牌声誉。

（二）信息披露流程

制定详细的信息披露流程，包括信息的收集、整理、审核和发布等环节，并明确各个环节的责任和权限，是确保信息披露及时性和规范性的关键措施。通过科学、合理的信息披露流程，企业能够提高信息披露的效率和质量，增强投资者和利益相关者的信任和支持，提高企业的市场竞争力和品牌声誉。企业应通过建立多渠道信息收集系统、标准化的信息整理流程、多层次的信息审核机制、多渠道的信息发布体系以及严格的信息披露责任和权限管理，切实落实信息披露的及时性和规范性，实现高质量的信息披露。

（三）信息披露政策

制定并公布企业的信息披露政策，明确信息披露的范围、内容、频率和方式，是确保信息披露透明度和可预见性的关键措施。通过系统化、规范化的信息披露政策，企业能够提高信息披露的质量和效率，增强投资者和利益相关者的信任和支持。企业应通过多渠道、多形式的信息发布方式，确保信息披露的广泛性和及时性。同时，通过定期评估和持续改进，确保信息披露政策的有效落实和不断优化，推动企业实现高质量的信息披露。

（四）信息披露工具

利用企业官方网站、年度报告、社交媒体等多种工具和渠道，及时、全面地披露信息，是提高企业信息透明度和传播效果的重要举措。通过优化信息披露平台、丰富内容展示、增强互动沟通、制订统一发布计划、确保信息可获得性，企业能够提高信息披露的质量和效率，增强投资者和公众的信任和支持，提高企业的市场竞争力和品牌声誉。同时，企业应加强信息披露的内部控制和外部监督，确保信息披露的规范性和可靠性，推动企业实现高质量的信息披露。

（五）培训与教育

定期开展信息披露相关的培训和教育活动，是提升企业员工尤其是管理层对信息披露重要性的认识和执行能力的有效途径。通过明确培训目标、制订培训计划、设计丰富的培训内容、采用多样化的培训方式，以及进行培训效果评估，企业可以建立系统化、规范化的信息披露培训体系，确保信息披露的质量和效率。同时，持续的培训和教育活动有助于增强企业内部对信息披露的重视和执行力，推动企业实现高质量的信息披露，提升企业的透明度和市场竞争力。

四、信息披露体系的效果评估与改进

（一）定期评估

定期对信息披露体系的运行效果进行评估，是确保企业信息披露质量和效果的重要手段。通过建立评估机制、设计评估内容、采用多样化的评估方法、发现问题与不足，并采取相应的改进措施，企业可以持续优化信息披露体系，提高信息披露的透明度和可信度。有效的信息披露评估不仅能提高企业的市场竞争力和品牌声誉，还能增强投资者和公众的信任，推动企业实现可持续发展。

（二）持续改进

根据评估结果和市场反馈，不断改进信息披露体系，优化信息披露的内容和方式，是提高信息披露质量和效果的重要举措。通过识别内容缺失、提升信息准确性、丰富信息内容、多渠道发布、增强互动性、改进展示方式、持续培训与教育、加强技术支持和建立反馈机制，企业可以实现信息披露的持续改进，提高信息披露的透明度和可信度，增强市场信任和投资者信心。同时，定期评估与调整、引入外部审计、优化信息披露政策等措施，确保信息披露体系的长期有效运行，推动企业实现高质量的信息披露，提高企业的市场竞争力和品牌声誉。

（三）利益相关者参与

加强与投资者、监管机构、行业协会等利益相关者的沟通，听取他们对信息披露体系的意见和建议，是不断改进信息披露内容和形式，提高信息披露质量和效果的重要途径。通过建立多样化的沟通平台和专门的沟通机制，收集和倾听利益相关者的反馈意见，企业可以全面优化信息披露内容，改进信息披露形式，提高信息披露的实际效果。同时，确保信息披露的及时性、透明度和合规性，不仅能增强市场信任和投资者信心，还能提高企业的市场竞争力和品牌声誉，推动企业实现可持续发展。

（四）借鉴最佳实践

积极借鉴国内外企业在信息披露方面的最佳实践，学习先进的管理理念和技术手段，是提高企业信息披露体系水平的重要途径。通过学习国际标准和国内标杆企业的经验，引入信息化管理系统和先进技术，参与专业组织和论坛，开展内部培训和交流，建立评估和改进机制，企业可以不断优化信息披露流程，提高信息披露的质量和效果。这样不仅能增强企业的透明度和市场竞争力，还能赢得投资者和利益相关者的信任，为企业的可持续发展奠定坚实的基础。

总之，通过建立和完善企业信息披露体系，企业不仅可以提高透明度和市场信任度，增强风险管理能力，提升市场竞争力和长期可持续发展能力，还能够实现经济效益和社会效益的双赢。透明的信息披露使企业能够赢得投资者和利益相关者的信任，增强市场竞争力，优化风险管理，提高经济效益。同时，履行社会责任，积极参与环境保护和社会公益事业，提升企业的社会形象和声誉，促进社会效益的实现。最终，通过完善的信息披露体系，企业可以实现自身的可持续发展，为社会的繁荣和进步作出积极贡献。

第二节　企业年报规则体系与基本要求

企业年报规则体系是指企业在编制、审核、发布年度报告时所遵循的制度、规范和流程。一个健全的年报规则体系不仅能提高信息披露的质量和透明度，还能增强企业在投资者和公众中的可信度和市场竞争力。企业年报不仅是对过去一年的经营成果进行总结和汇报，也是展示企业未来发展战略和方向的重要窗口。

一、企业年报的基本内容

（一）财务报表

财务报表是企业向投资者、监管机构和其他利益相关者披露财务信息的核心文件，包括资产负债表、利润表、现金流量表和所有者权益变动表等内容。通过这些财务报表，企业可以展示其财务状况、经营成果和现金流量，增强透明度和市场信任度，提升风险管理能力和市场竞争力，实现经济效益和社会效益的双赢。企业应不断完善财务报表的编制和披露，确保信息的真实性、准确性和完整性，为投资者和利益相关者提供全面、及时和可靠的财务信息。

（二）管理层讨论与分析（MD&A）

管理层讨论与分析（MD&A）是企业信息披露中至关重要的部分，通过详尽的经营状况、财务表现、战略方向、风险管理和未来展望的分析，企业能够为投资者和其他利益相关者提供清晰、深入的运营解读。MD&A 不仅帮助利益相关者理解财务数据背后的故事，还展示了管理层的战略思维和决策能力。通过不断优化 MD&A 内容和形式，企业可以提升信息披露的透明度和质量，增强市场信任度，支持长期可持续发展。

（三）公司治理

公司治理是企业健康发展的重要保障，通过建立完善的公司治理结构和机制，企业能够提高透明度和市场信任度，增强风险管理能力，提升市场竞争力和长期可持续发展能力。董事会、管理层、股东和利益相关者的有效互动与合作，是实现良好公司治理的关键。通过优化董事会结构与职能、加强管理层与执行、保护股东权利与利益、促进利益相关者参与、建立健全的内部控制与审计体系，企业可以实现经济效益和社会效益的双赢，为自身和社会的可持续发展奠定坚实的基础。

（四）环境、社会和治理（ESG）信息

环境、社会和治理（ESG）信息披露是现代企业管理和信息披露的重要组成部分。通过全面、透明的ESG信息披露，企业不仅能够展示其在环境保护、社会责任和公司治理方面的实践和成就，还能够增强市场信任和企业声誉，提升市场竞争力和风险管理能力，实现经济效益和社会效益的双赢。企业应不断优化ESG信息披露内容和形式，确保信息的真实性、准确性和及时性，为实现可持续发展奠定坚实的基础。

（五）前瞻性信息

前瞻性信息披露是企业信息披露体系中的关键组成部分，通过详细的战略规划、市场前景、财务预测、创新与研发以及风险因素与应对措施的披露，企业能够为投资者和其他利益相关者提供全面、深入的未来发展预期和战略意图。前瞻性信息不仅帮助利益相关者更好地理解企业的未来潜力和战略方向，还增强了企业的透明度和信任度，支持投资者作出更为明智的投资决策和管理决策。通过不断优化前瞻性信息披露内容和形式，企业可以提高信息披露的质量和效果，实现长期可持续发展。

二、企业年报规则体系的构成要素

公司年度报告是一家企业每年发布的对过去一年经营情况的全面展示和总结。它是投资者了解企业运行状况、评估企业价值和决策是否投资的重要依据。年度报告包含着大量的信息，涉及公司的财务状况、经营成果、管理层讨论和分析等方面。在本文中，将从六个方面论述公司年度报告的核心要素：财务报表、审计报告、董事会报告、风险因素、未来展望和变动披露。通过对这些要素的详细阐述，读者可以更好地了解公司年度报告的核心内容。

（一）财务报表

财务报表是公司年度报告最重要的组成部分之一。财务报表包括资产负债表、利润表和现金流量表。资产负债表展示了公司在报告期末的资产、负债和股东权益状况，提供了投资者判断公司财务状况的重要依据。利润表反映了公司在报告期内的收入、成本和利润状况，帮助投资者了解公司经营的盈利能力。现金流量表揭示了公司在报告期内的现金流入和流出情况，为投资者评估公司的现金流量状况提供了参考。

（二）审计报告

审计报告是一家独立注册会计师事务所对公司年度报告进行审计后发布的意见。审计

报告对公司的财务报表进行了审查，并给出了是否在财务报表中存在重大错误或欺诈行为的判断。投资者需要仔细阅读审计报告，以了解公司财务报表是否真实可靠。审计报告通常包含审计意见、审计范围和方法、审计发现等内容。

（三）董事会报告

董事会报告是公司董事会对公司年度经营情况和未来发展计划的陈述。董事会报告是公司高层管理者与投资者沟通的桥梁，通过董事会报告，投资者可以了解公司战略规划、经营理念和风险控制措施。董事会报告还要求对公司环境、员工和竞争对手等进行详细分析，以提供更全面的信息。

（四）风险因素

风险因素是指可能对公司未来业绩和财务状况产生重大影响的不确定因素。在年度报告中，公司需详细披露可能面临的风险，包括市场风险、经济风险、竞争风险、法规风险等。投资者应着重关注公司披露的风险因素，以帮助它们评估投资的风险和回报。

（五）未来展望

未来展望是公司对未来业绩的预测和展望。在年度报告中，公司会给出对未来经营情况的分析和判断，包括销售预期、市场前景、利润增长等。投资者需要理性看待未来展望，结合公司的经营实际和行业发展趋势进行判断。

（六）变动披露

变动披露是指管理层对公司财务状况和经营情况的变动进行及时披露。包括公司主要业务变动、高管人员变动、资本变动、重大合同和诉讼等重要事项。投资者应注意关注变动披露，及时了解公司动态，避免因信息不对称而产生的投资误判。

综上所述，公司年度报告的核心要素包括财务报表、审计报告、董事会报告、风险因素、未来展望和变动披露。这些要素对于投资者来说都是了解和评估公司的重要课题。投资者应该认真阅读、分析和比较不同公司的年度报告，以作出更明智的投资决策。同时，公司应该加强年度报告的披露质量，提高报告的透明度和可理解性，为投资者提供更准确、全面和及时的信息。

二、企业年报编制与披露的基本要求

企业年报编制与披露的基本要求是指企业在编制年度报告并向公众披露时所必须遵循的原则、规范和程序。一个完善的年报编制和披露体系不仅能够提高信息的透明度，增强投资者和利益相关者的信心，还能有效提升企业的市场竞争力和长期可持续发展能力。以下是企业年报编制与披露的基本要求。

（一）遵守会计准则和法规

1. 统一标准

国际财务报告准则（IFRS）：企业应遵循国际财务报告准则，这些准则在全球范围内得到广泛认可和应用，旨在提高财务报表的透明度和可比性。通过遵循 IFRS，企业能够确保其财务报告在国际市场上具有一致性和可靠性，增强国际投资者的信心。

通用会计准则（GAAP）：在某些地区，企业需要遵循本地的会计准则，如美国的通用会计准则（GAAP）。这些准则提供了具体的会计处理方法和报告要求，确保企业在本地市场的财务报告具有可比性和透明度。

2. 法律合规

遵守国家和地区法律法规：企业必须严格遵守所在国家和地区的财务报告相关法律法规，包括证券法、公司法、税法等。这些法律法规规定了企业年报编制和披露的具体要求，如报告的格式、内容和时间限制等。遵守这些法律法规不仅是企业的法律责任，也是维护市场秩序和保护投资者权益的重要手段。

遵循监管机构的指引和要求：各国和地区的证券监管机构通常会发布相关的指引和要求，指导企业年报的编制和披露。例如，证券交易所可能会有具体的报告披露要求，企业需严格遵守这些要求，以确保其上市资格和市场声誉。

3. 透明性和公正性

真实反映财务状况：遵守会计准则和法规能够确保企业的财务报表真实、准确地反映其财务状况和经营成果。会计准则提供了详细的财务处理方法和披露要求，确保企业在编制年报时采用一致的方法和标准，从而增强财务信息的透明度和公正性。

防止财务舞弊：通过遵循严格的会计准则和法规，企业能够有效防止和发现财务舞弊行为。这不仅保护了投资者和利益相关者的利益，也维护了市场的公正性和稳定性。

4. 提高信息的可比性

一致性和可比性：遵守统一的会计准则和法规，可以确保不同企业、不同时间段的财务报告具有一致性和可比性。这有助于投资者和分析师进行跨企业和跨时间段的财务分析，作出更为准确的投资决策。

全球可比性：对于跨国企业而言，遵循国际财务报告准则（IFRS）能够确保其财务信息在全球范围内的可比性，吸引更多的国际投资者，提升企业的国际竞争力。

5. 增强市场信心

提高透明度和公信力：严格遵守会计准则和法规能够提高企业财务报告的透明度和公信力，增强投资者和利益相关者对企业的信任感。这有助于企业在资本市场上获得更多的支持和认可，促进其融资和发展。

提升市场稳定性：合规的财务报告制度能够减少市场信息的不对称，降低市场波动性，提升整体市场的稳定性和健康发展。

6. 支持长期可持续发展

推动企业规范经营：遵守会计准则和法规有助于企业规范其财务管理和经营行为，提升内部控制和风险管理水平。规范的经营行为不仅有利于企业的长期可持续发展，也有助于建立良好的市场形象和声誉。

促进社会责任履行：通过合规的财务报告，企业能够更加透明地展示其在环境、社会和治理（ESG）方面的表现，履行社会责任，赢得社会各界的认可和支持，促进企业的可持续发展。

通过严格遵守会计准则和法规，企业不仅能够确保财务报告的准确性和可靠性，还能够提高信息披露的透明度和可比性，增强市场信心和公信力，支持企业的长期可持续发展。

（二）完整披露财务信息

1. 核心财务报表

资产负债表：资产负债表展示了企业在报告期末的财务状况，包括资产、负债和所有者权益等重要信息。企业应详细列示各类资产（如流动资产、固定资产、无形资产等）和负债（如流动负债、长期负债等）的具体项目及其金额，以便读者全面了解企业的财务结构和财务健康状况。

利润表：利润表（或损益表）展示了企业在报告期内的经营成果，包括收入、成本、费用和利润等重要数据。企业应详细列示营业收入、营业成本、营业利润、税前利润和净利润等项目，帮助读者分析企业的盈利能力和经营效率。

现金流量表：现金流量表展示了企业在报告期内的现金流入和流出情况，反映企业的现金流动性和财务弹性。企业应详细列示经营活动、投资活动和筹资活动的现金流量，帮助读者评估企业的现金流管理能力和未来的现金流预测。

2. 附注说明

会计政策和估计：企业应在附注中详细说明其采用的主要会计政策和重要的会计估计，包括收入确认、存货计价、固定资产折旧、无形资产摊销等。这些信息有助于读者理解财务报表的编制基础和数据来源。

财务数据解释：附注应详细解释财务报表中的关键数据和变化原因，如资产减值准备的计提或有负债的确认、重大交易和事项的披露等，帮助读者深入了解企业的财务状况和经营成果。

相关风险披露：附注应披露与企业经营相关的主要风险因素，如市场风险、信用风险、流动性风险等，并说明企业采取的风险管理措施，帮助读者评估企业的风险水平和应对能力。

3. 非财务信息

企业治理结构：年报应披露企业的治理结构，包括董事会成员的背景、独立董事的职责、董事会和管理层的薪酬政策、内部控制机制等。透明的治理结构信息有助于读者评估企业的治理水平和管理透明度。

环境、社会和治理（ESG）信息：年报应包括企业在环境保护、社会责任和治理结构方面的政策、措施和成效，展示企业在可持续发展和社会责任方面的努力和成果。例如，企业应披露其碳排放情况、环保措施、员工福利和社区贡献等信息。

4. 独立审计和审计报告

外部审计：年报需经过独立的第三方审计机构的审计，以确保财务信息的真实性、公正性和完整性。审计机构需根据严格的审计标准对企业财务报表进行独立审查。

审计报告：审计机构应出具独立的审计报告，对企业财务报表的准确性和可靠性进行评估，并提供专业意见和建议。审计报告是投资者和利益相关者评估企业财务健康状况的重要依据。

5. 经营业绩和业务分析

业务概况：企业应在年报中详细描述其主要业务领域、产品和服务、市场表现、竞争优势和主要风险因素，帮助读者了解企业的业务模式和市场地位。

管理层讨论与分析（MD&A）：管理层应对企业的经营业绩和财务状况进行深入分析，包括收入和利润的变化原因、成本控制措施、市场和行业趋势、未来发展战略等。管理层的讨论与分析有助于读者全面了解企业的经营状况和未来发展前景。

6. 未来展望和战略规划

未来计划和目标：企业应在年报中披露其未来的经营计划和发展目标，包括新的市场拓展、产品创新、投资计划等，帮助读者了解企业的未来发展方向和增长潜力。

战略措施和风险应对：企业应详细说明其为实现未来目标所采取的战略措施和风险管理计划，如技术创新、市场营销、供应链管理等，帮助读者评估企业的战略执行能力和应对风险的准备情况。

通过完整披露财务信息，企业不仅能够提高年报的透明度和可靠性，还能增强投资者和利益相关者对企业的信任和支持，促进企业的市场竞争力和长期可持续发展。

（三）独立审计和审计报告

独立审计和审计报告是确保企业年报真实性、公正性和完整性的关键环节，能够增强投资者和利益相关者对企业财务信息的信任和信心。

1. 独立审计

独立审计是由第三方专业审计机构对企业的财务报表和相关信息进行客观、公正地审查和评价，以确保其真实性、准确性和完整性。独立审计在企业财务报告中发挥着至关重要的作用，是增强企业透明度和公信力的重要手段。通过独立审计，企业能够提高财务报表的真实性、准确性和完整性，增强市场信任，提升企业的公信力和市场竞争力。独立审计为投资者和利益相关者提供了重要的决策依据，促进企业的长期可持续发展。审计机构的独立性和专业性是确保审计工作质量和结果公正性的关键，企业应重视并积极配合独立审计工作，确保财务信息的透明和可信。

2. 审计报告

审计报告是外部审计机构在完成对企业财务报表的审查后出具的一份正式文件，详细说明审计工作的范围、程序、发现以及最终的审计意见。审计报告是评估企业财务健康状况和经营成果的重要依据，对于投资者、管理层和其他利益相关者具有重要意义。

通过独立审计和审计报告，企业不仅能够提高财务报表的真实性、准确性和完整性，还能增强市场信任，提升企业的公信力和市场竞争力。审计报告为投资者和利益相关者提供了重要的决策依据，促进企业的长期可持续发展。

（四）及时和公开披露

及时和公开披露是企业年报编制与发布过程中至关重要的环节，它不仅能确保信息的透明度和公信力，还能增强投资者和利益相关者对企业的信任，促进市场的公平与稳定。

1. 及时发布

法定期限内发布：企业必须在法律法规规定的期限内完成年报的编制和披露。通常，上市公司需在财政年度结束后的几个月内发布年报，以确保信息的时效性和相关性。及时发布年报可以帮助投资者和利益相关者在第一时间获取企业的最新财务状况和经营成果。

提前准备和规划：为了确保年报的及时发布，企业应提前作好准备和规划，包括制定年报编制的时间表、明确各部门的职责和任务、确保必要的资源和支持等。通过科学合理的时间管理和高效的工作流程，企业可以按时完成年报的编制和披露。

2. 公开透明

广泛的披露渠道：企业应通过多种渠道向公众披露年报，以确保信息的广泛传播和可及性。常见的披露渠道包括公司官网、证券交易所网站、新闻发布会、投资者会议和报刊等。利用现代信息技术，企业还可以通过电子邮件、社交媒体等方式向利益相关者发送年报。

公平信息披露：企业在披露年报时应确保信息的公平性和公正性，不得选择性披露或隐瞒关键信息。所有利益相关者，包括股东、债权人、客户、供应商、员工和监管机构，都应平等地获得企业的年报信息。公平的信息披露有助于维护市场秩序和投资者权益。

通过及时和公开披露，企业不仅能够提高年报信息的透明度和可信度，还能增强投资者和利益相关者对企业的信任和支持，促进企业的市场竞争力和长期可持续发展。透明、公正的信息披露是维护市场秩序和保护投资者权益的重要手段，企业应高度重视并严格遵循相关要求，确保年报披露的质量和效果。

（五）详细的业务描述和战略分析

详细的业务描述和战略分析是企业年报中的核心组成部分之一，其重要性不言而喻。通过这部分内容，投资者和利益相关者可以深入了解企业的业务模式、运营情况以及未来发展策略，从而更全面地评估企业的长期价值和潜力。

首先，详细的业务描述展示了企业的业务运作方式、产品和服务组合，以及其在各个市场中的地位和表现。这些信息使投资者能够了解企业的核心竞争力和盈利模式，从而更准确地评估其经营风险和可持续性。

其次，战略分析部分提供了企业未来发展的规划和方向。这包括战略目标的制定、市场扩张计划、技术创新战略等内容。投资者通过了解企业的发展战略，可以判断其是否具备应对市场变化和竞争挑战的能力，进而决定是否持有或增持相关股票。

综上所述，详细的业务描述和战略分析不仅为投资者提供了全面的企业信息，还增强了他们对企业的信心和支持。这有助于建立健康的投资者关系，促进企业的长期稳定发展。

三、年报编制与披露的具体流程

（一）信息收集

信息收集阶段的重要性不言而喻。它直接关系到年报的质量和透明度，对于企业来说至关重要。在这个阶段，企业需要投入充足的资源和精力，确保收集到的信息准确、全面，以确保年报能够客观地反映企业的经营状况和未来展望。准确、全面的信息不仅能够增强投资者和利益相关者的信心，还能够提升企业的声誉和市场竞争力。信息收集阶段的质量和准确性直接影响到年报的质量和透明度。企业应该重视这一环节，加强组织和管理，确保能够获取准确、全面的信息，为最终的年报编制和披露工作奠定坚实的基础。

（二）数据整理与分析

在年报编制与披露的过程中，数据整理与分析确实是一个至关重要的环节。这个阶段涉及对收集到的大量数据进行整理、清洗、分析和解释，以便向投资者和利益相关者提供有关企业业务运作、财务状况和未来展望的准确、全面的信息。通过数据整理与分析阶段，企业可以深入了解自身的经营状况和市场环境，发现问题和机遇，制订有效的决策和行动计划，为企业的长期发展提供有力支持。因此，企业应该重视这一环节，加强数据管理和分析能力，确保数据的准确性和可靠性，为年报编制和披露工作奠定坚实的基础。

（三）编制年报草稿

年报草稿的编制确实是年报编制过程中至关重要的一步。在这个阶段，通过对收集、整理和分析的数据进行归纳整理，将企业的各项经营情况、财务状况以及未来展望等信息有条理地组织起来，形成初步的年度报告框架和内容。这一步骤的质量直接影响到最终年报的准确性和完整性。通过以上步骤，企业可以确保年报草稿内容丰富、信息准确、表达清晰，为后续的年度报告编制和披露工作奠定了坚实的基础。这样的年报草稿不仅可以向投资者和利益相关者全面展示企业的经营状况和发展前景，还有助于提升投资者和利益相关者对企业的信心和认可度。

（四）外部审计与评估

外部审计与评估在年报编制过程中的重要性无法估量。它们不仅确保了年报的准确性、透明度和合规性，而且提升了投资者和利益相关者对企业的信心和信任度，促进了企业的可持续发展。

外部审计是通过独立的第三方机构对企业的财务报表和内部控制程序进行审查和验证。这确保了财务报表的准确性和真实性，为投资者提供了可靠的信息基础，增强了他们对企业的信心。同时，审计机构的审计报告也是年报中的重要组成部分，为企业的财务状况和经营绩效提供了权威的评价和意见，增加了年报的可信度和透明度。

评估则是对企业的各项经营活动和绩效进行综合评价和分析，以确定企业的价值和竞争优势。通过评估，企业可以发现问题和机遇，并及时调整战略和业务模式，提升企业的市场竞争力和长期可持续发展能力。同时，评估结果也为投资者提供了更全面的企业信息，帮助他们作出更准确的投资决策。

综上所述，外部审计与评估为企业提供了重要的财务和经营管理支持，确保了年报的准确性和透明度，增强了投资者和利益相关者对企业的信心和信任度，推动了企业的可持续发展。因此，企业应该重视并积极配合外部审计和评估工作，确保年报的质量和合规性，为企业的发展注入动力。

（五）最终审核与发布

最终审核与发布是年报编制过程的收官之作，它代表着企业在一年的努力和成果得到了全面总结和公开披露的时刻。这一阶段的到来不仅意味着年报准备工作的圆满完成，更象征着企业对外部世界的敞开和透明。通过这个关键阶段，企业向投资者和利益相关者提供了一份准确、清晰、及时的年度报告，为他们提供了深入了解企业状况的窗口，增强了他们对企业的信心和认可。这种透明度和信任，有助于稳定市场情绪，提高市场运营效率，进而推动整个市场的稳健发展。同时，这也为企业的可持续发展奠定了坚实的基础，因为透明度和信任是企业与投资者、利益相关者之间持续合作和共赢的基石。

通过严格遵循年报编制与披露的基本要求，企业不仅可以提高信息披露的质量和透明度，还能增强市场信任度和投资者信心。这种透明度和信任不仅有助于满足投资者对于信息的需求，还能够吸引更多的投资者参与，从而提升企业的市场竞争力。同时，合规披露的年度报告也为企业树立了良好的企业形象，为企业与客户、供应商等利益相关者建立起信任和合作的基础。

此外，遵循基本要求编制的年度报告还可以有效地提升企业的长期可持续发展能力。通过对企业经营状况和财务状况的全面披露，企业可以更好地识别和应对市场风险和机遇，制定合适的战略规划和发展方向。同时，透明的信息披露也有助于改善企业内部管理和决策机制，提高企业的运营效率和管理水平，进而实现经济效益和社会效益的双赢。

因此，遵循年报编制与披露的基本要求不仅是企业的法律义务，更是企业实现可持续发展和赢得市场竞争优势的重要举措。通过确保年度报告的准确性、完整性和透明度，企业可以在经济效益和社会效益之间实现良好的平衡，为持续发展创造更加稳固的基础。

第三节 分行业信息披露的总体要求

分行业信息披露的总体要求是指企业在披露财务和非财务信息时，根据不同行业的特点和监管要求，提供更具有针对性和细化的信息。这样的信息披露有助于投资者、监管机构和其他利益相关者更准确地了解企业在特定行业中的经营状况、竞争优势和潜在风险，从而作出更为科学的决策。以下是分行业信息披露的总体要求。

一、遵循行业法规和标准

（一）符合行业监管要求

遵循行业法规和标准是确保企业年报编制与披露符合行业监管要求的关键步骤之一。这意味着企业需要严格遵守所在行业的相关法律法规、行业标准和监管要求，确保年度报告的内容和披露方式符合规定。

首先，企业需要了解并熟悉所在行业的相关法律法规和监管政策。不同行业可能有不同的监管要求，企业需要确保年度报告中涉及的内容和披露方式符合这些要求。

其次，企业需要遵循行业内的标准和规范，确保年度报告的编制和披露符合行业的最佳实践和专业标准。这包括对财务报表的准则、信息披露的要求以及审计程序的规定等方面的遵守。

最后，企业还需要积极配合监管部门和审计机构的审查和监督，及时提供所需的信息和文件，并接受其审计和评估。这有助于确保年度报告的合规性和透明度，减少可能存在的风险和问题。

通过遵循行业法规和标准，企业可以保证年度报告的合法性、规范性和可信度，增强投资者和利益相关者对企业的信心和信任度。这有助于提升企业的品牌声誉和形象，促进企业的健康发展和可持续成长。

（二）行业特定的会计准则

遵循行业法规和标准，尤其是行业特定的会计准则，对确保企业年报编制与披露的准确性和合规性至关重要。通过这一举措，企业可以确保其财务报告在涵盖行业特有的业务活动和会计处理方面符合规范，从而提高了报告的可比性和真实性。遵循行业特定的会计准则有助于确保企业财务报告的准确性、透明度和可靠性，从而增强投资者和利益相关者的信心和信任度。

这些准则通常由行业协会或监管机构制定，并且会根据行业的特点和发展趋势进行调整和更新。因此，企业需要及时了解和遵守这些准则的最新要求，确保其财务报告在会计处理、披露内容和格式等方面符合最新的行业标准。

通过遵循行业法规和标准，企业不仅能够提高其财务报告的准确性和可靠性，还能够增强其市场声誉和竞争力。投资者和利益相关者更倾向于信任那些符合行业标准和最佳实践的企业，因为他们认为这些企业更加稳健和可靠。因此，遵循行业法规和标准不仅是企业的法律义务，也是一种树立良好企业形象和赢得市场信任的重要举措。

二、信息披露的全面性和细化程度

（一）财务信息

信息披露的全面性和细化程度对于企业年报的质量和价值至关重要。一方面涉及披露的内容是否涵盖了企业的各个方面，包括财务状况、经营业绩、风险管理、治理结构等；另一方面，则考量披露内容的详细程度和深度，是否提供了足够的细节和解释，以便投资者和利益相关者全面了解企业的情况。

全面性意味着年报所披露的信息应该尽可能涵盖企业经营活动的各个方面。这包括财务报表的披露，如资产负债表、利润表和现金流量表，以及管理层讨论和分析等内容。此外，还应该披露企业的治理结构、风险管理政策、战略规划和未来展望等方面的信息，以便投资者和利益相关者全面了解企业的经营状况和未来发展计划。

细化程度则体现在信息披露的详细程度和深度。年报应提供足够的细节，以便读者深入了解企业的经营情况和财务状况。这可能包括对财务数据的详细分析和解释，对业务模式和市场定位的深入阐述，以及对风险管理和治理实践的具体说明。通过提供详细和深入的信息，企业可以增强投资者和利益相关者对其的理解和信任，从而提高年报的质量和价值。

总的来说，信息披露的全面性和细化程度是评价年报质量的重要标准之一。企业应该努力确保年报所披露的信息既全面且详细，以满足投资者和利益相关者的需求，增强他们对企业的信心和信任度。

（二）非财务信息

非财务信息在企业年报中的披露至关重要，因为它们提供了关于企业整体表现、战略方向和风险管理等方面的重要见解。这些信息可以帮助投资者和利益相关者更好地理解企业的价值主张、经营模式和未来发展方向，从而使其能够作出更加准确的投资决策。通过披露非财务信息，企业可以展示其在可持续发展、社会责任、治理结构、风险管理、创新和研发等方面的表现。这些信息不仅提供了企业经营的全面画面，还反映了企业的长期价值创造能力和社会责任担当。投资者和利益相关者可以通过这些信息评估企业的综合实力和未来发展潜力，为投资和合作提供了重要参考。

因此，企业在编制年度报告时应该充分考虑非财务信息的重要性，并确保进行全面、清晰地披露。这样做不仅有助于提高年报的质量和透明度，也有助于增强投资者和利益相关者对企业的信心和信任度，促进企业的长期稳健发展。

三、前瞻性信息披露

（一）行业发展趋势

前瞻性信息披露，特别是对行业发展趋势的预测和分析，在企业年报中扮演着关键角色。通过这种披露，企业能够向投资者和利益相关者提供关于行业未来发展的深入理解和展望。这对于年报的完整性和价值至关重要，因为它们为读者提供了对企业所处行业环境的前瞻性视角。

披露行业发展趋势的前瞻性信息有助于投资者更准确地评估企业的潜在价值和风险。投资者可以借此了解行业的整体动态、市场趋势和竞争格局，从而更好地制定投资策略和决策。这种信息也能够帮助利益相关者更好地理解企业的战略规划和未来发展方向，从而更好地支持和参与企业的发展。

此外，通过披露行业发展趋势的前瞻性信息，企业还能够增强其透明度和市场竞争力。这表明企业对行业发展趋势有清晰的认识和洞察力，并能够及时调整战略以应对市场变化。这有助于提升企业的可持续发展能力，增强其在市场上的地位和竞争优势。

综上所述，前瞻性信息披露，特别是对行业发展趋势的预测和分析，对于企业年报的完整性和价值至关重要。这种披露不仅有助于投资者作出准确的投资决策，还能够增强企业的透明度和市场竞争力，促进其可持续发展。

（二）创新与研发

前瞻性信息披露，特别是涉及创新与研发方面的内容，在企业年报中具有极其重要的意义。这种披露不仅向投资者和利益相关者传达了企业对技术创新和未来发展的高度重视，还提供了有关未来增长和竞争优势的预期。这种前瞻性信息的披露对于投资者作出更准确的投资决策、增强企业的透明度和市场竞争力以及促进其可持续发展都具有重要意义。

创新与研发方面的前瞻性信息披露可以包括企业的创新战略、研发投资规划、新产品或技术的展望、研发成果和专利情况以及与其他组织的合作伙伴关系等内容。通过这些披露，投资者和利益相关者可以更好地了解企业的创新能力、技术实力和未来发展方向，从而评估企业的竞争优势和长期增长潜力。

此外，创新与研发方面的前瞻性信息披露还能够增强企业的透明度和市场竞争力。投资者和利益相关者能够更清晰地了解企业的战略规划和未来发展方向，从而更有信心地支持企业并参与其发展。这有助于提高企业的品牌声誉和市场地位，促进其与竞争对手的差异化竞争，进而推动企业的可持续发展。

综上所述，创新与研发方面的前瞻性信息披露在企业年报中的重要性不言而喻。这种披露不仅有助于投资者作出更准确的投资决策，还能够提升企业的透明度和市场竞争力，促进其长期可持续发展。

四、信息披露的透明性和公正性

信息披露的透明性和公正性是企业年报中至关重要的方面，这意味着披露的信息必须真实、全面、准确，并且不带有误导性。公正透明的信息披露有助于建立投资者和利益相关者对企业的信任，维护市场秩序，促进企业的长期可持续发展。

透明性指的是企业向投资者和利益相关者披露信息的程度和质量。透明的信息披露应当包括企业的财务状况、业务运营、风险管理、治理结构等方面的全面信息，使投资者和利益相关者能够全面了解企业的运营状况和决策过程。透明的信息披露还应该包括足够的细节和解释，以便读者能够准确理解披露的内容。

公正性指的是披露的信息必须客观、公正，不偏袒任何一方。公正的信息披露应当遵循公认的会计准则和规范，确保财务信息的真实性和可比性。此外，公正的信息披露还应该避免误导性陈述和遗漏重要信息，确保读者能够基于全面、准确的信息作出决策。

通过公正透明的信息披露，企业能够建立起与投资者和利益相关者之间的信任关系，增强其在市场上的品牌声誉和竞争力。投资者和利益相关者会更倾向于支持那些公开透明、信息公正的企业，这有助于维护市场秩序，促进资本市场的稳定和健康发展。因此，企业应当重视信息披露的透明性和公正性，确保披露的信息能够真实、全面地反映企业的实际情况，维护市场秩序，促进企业的长期可持续发展。

五、利益相关者参与和反馈

利益相关者参与和反馈是信息披露过程中的重要环节，它涉及与各方沟通和互动，以了解他们的关切、需求和反馈意见，从而更好地满足他们的期望，提高信息披露的质量和有效性。

利益相关者包括投资者、员工、客户、供应商、政府、社会公众等各方，他们对企业的经营状况、决策行为和社会责任等方面都有着不同的关注点和期望。因此，企业应当通过多种途径与利益相关者进行沟通和互动，包括举办股东大会、员工座谈会、客户调研、供应商会议等，以及通过企业网站、社交媒体等渠道提供信息披露和接受反馈意见。

利益相关者参与和反馈的过程中，企业应当重视听取各方意见和建议，及时回应他们的关切和问题，解释企业的决策理由和未来规划，并根据反馈意见适时调整企业的行为和信息披露方式。这有助于增强利益相关者对企业的信任和支持，建立起良好的沟通与合作关系。

通过积极的利益相关者参与和反馈机制，企业能够更好地理解各方的期望和需求，更准确地把握市场动态和社会环境，提高信息披露的针对性和适应性，增强企业的可持续发展能力。因此，企业应当将利益相关者参与和反馈纳入信息披露的常态化管理中，建立起持续、稳定的沟通机制，实现与各方的良好互动和合作。

分行业信息披露的要求通常包括行业特定的会计准则、监管要求、业务运营指标等方面的内容。企业通过遵循这些要求，可以提供与其所在行业相关的详尽信息，包括财务状况、业务运营、风险管理、市场竞争等方面的数据和分析。这有助于投资者更好地了解企业所处行业的特点和竞争环境，从而更准确地评估企业的价值和风险，作出理性的投资决策。此外，分行业信息披露还能够提升企业的透明度和可信度。投资者和利益相关者通常会更信任那些能够提供翔实、全面信息的企业，因为这样的信息披露能够使他们更全面地了解企业的运营状况和未来发展前景。通过增强透明度和可信度，企业能够增强投资者和利益相关者对其长期可持续发展的信心，促进资本市场的稳定和健康发展。因此，通过严格遵循分行业信息披露的总体要求，企业能够提供更具针对性和细化的信息，增强信息披露的透明度和可信度，提升投资者和利益相关者的信心，从而促进企业的长期可持续发展。

第三章　企业环境会计信息披露

第一节　企业环境会计信息披露的原则与形式

一、企业环境会计信息披露的原则

企业环境会计信息披露的原则是指在披露企业环境信息时应遵循的一系列基本标准和要求。这些原则确保披露的信息真实、完整、透明，并且有助于利益相关者作出明智的决策。主要原则包括以下几个方面。

（一）真实性原则

披露的信息必须真实可靠，反映企业在环境保护和可持续发展方面的实际情况。不得虚报、瞒报或夸大环境绩效和环境管理措施。真实的信息能够增强利益相关者的信任，提高企业的社会责任感。通过真实可靠的信息披露，企业能够增强利益相关者的信任，提高自身的社会责任感，维护企业的信誉和声誉，并促进企业的可持续发展。避免虚报、瞒报或夸大环境绩效和管理措施，是企业实现长期健康发展的关键。通过建立严格的信息披露制度、加强内部控制和审计、增强员工的环保意识和专业素养，以及利用第三方评估和认证，企业可以确保其环境信息的真实性和可靠性，从而在激烈的市场竞争中立于不败之地。

（二）完整性原则

披露的信息应全面反映企业的环境影响，包括正面和负面。全面、真实、可靠的环境信息披露是企业履行社会责任、提升透明度和增强利益相关者信任的关键。通过详细报告环境政策、管理体系、环境目标及其达成情况、环境绩效指标、污染物排放、资源使用情况以及环境风险及应对措施，企业能够全面展示其在环境保护和可持续发展方面的努力和成就。这不仅有助于利益相关者全面评估企业的环境绩效，也能推动企业不断改进环境管理，提升可持续发展能力。

（三）相关性原则

企业的环境信息披露应紧密围绕利益相关者的需求和决策进行选择和发布。通过深入理解利益相关者的关注点，企业可以精准选择和披露相关信息，确保其具有实际意义和参考价值。通过提供全面、及时、透明、易于理解的信息，企业不仅能增强利益相关者的信任和支持，还能有效提升自身的环境管理水平和可持续发展能力。

（四）及时性原则

及时性原则是会计信息披露中的一项重要原则，旨在确保企业在适当的时间内提供相关的会计和财务信息，使利益相关者能够基于最新的数据作出明智的决策。及时性原则强调信息的时效性和频繁更新，以满足各类利益相关者对企业运营状况的动态了解需求。及时性原则是确保会计信息披露有效性和相关性的重要保障。通过定期报告、快速响应、建立高效流程、利用先进技术手段以及培训员工，企业可以有效提升信息披露的及时性。及时的信息披露不仅能增强利益相关者的决策能力和信任感，还能提高企业的透明度和信誉，为企业的长期发展奠定坚实的基础。

（五）可比性原则

可比性原则是会计信息披露中的一项核心原则，旨在确保所披露的信息在时间和空间维度上具有一致性和可比性，使得不同期间和不同企业间的信息可以进行有效对比。可比性原则帮助利益相关者进行横向和纵向分析，评估企业的财务状况和经营成果，作出更为准确和合理的决策。可比性原则是会计信息披露中至关重要的一环，确保披露的信息在时间和空间维度上具有一致性和可比性。通过统一会计政策和标准、遵循国际财务报告准则、定期审计和评估、透明披露会计政策变更、使用一致的数据格式和展示方法，企业可以有效地提高其财务报告的透明度和可信度。可比性原则不仅有助于利益相关者进行横向和纵向分析，增强分析和决策的有效性，还能提升企业的财务报告质量和市场形象。

（六）透明性原则

透明性原则是会计信息披露中的一项基本原则，旨在确保企业所披露的信息公开、清晰、易于理解，使得所有利益相关者都能获得全面、准确的财务和经营信息。透明性原则强调信息披露的完整性和公开性，旨在减少信息不对称，提升企业的诚信和信任度。透明性原则是会计信息披露中不可或缺的一部分，确保企业提供的财务和经营信息公开、清晰、易于理解。通过全面披露信息、清晰简明的报告、及时更新信息、公开透明的沟通渠道和遵循法律法规和最佳实践，企业可以有效提升其透明度和公信力。透明的信息披露不仅能促进市场的有效运行，增强利益相关者的信任和决策能力，还能提升企业的整体形象和市场竞争力。

（七）一致性原则

一致性原则是确保会计信息披露质量和可靠性的重要基石。通过统一会计政策和方法、明确变更披露要求、定期审计和评估、采用国际财务报告准则、培训员工和增强意识，企业可以有效实施一致性原则。一致性原则不仅增强了财务信息的可比性和连贯性，还提高了报告的可靠性和透明度，有助于利益相关者进行全面和准确的分析和决策，进而提升企业的市场形象和竞争力。

环境会计信息披露的原则是确保企业环境信息质量和透明度的重要保障。通过遵循真实性和可靠性、全面性和完整性、相关性和决策有用性、及时性、可比性和透明度等原则，企业不仅能够提高自身的环境管理水平，还能促进企业社会责任的履行和可持续发展目标的实现。这些原则不仅帮助企业与利益相关者之间建立良好的沟通和信任关系，还推动了社会整体环境管理水平的提高，共同促进环境保护和可持续发展的实现。

二、环境会计信息披露的形式

环境会计信息披露的形式多种多样，旨在确保信息能够有效传达给利益相关者，并且易于理解和使用。不同的披露形式可以满足不同利益相关者的需求，从而提升企业的透明度和社会责任感。这些形式不仅包括传统的书面报告，还涵盖了现代数字化和互动化的手段，使得环境信息的传播更加广泛和有效。以下是主要的环境会计信息披露形式。

（一）年度报告

年度报告是企业向外界披露其整体经营情况的重要文件，通常包含丰富的环境会计信息。年度报告形式正规、信息量大，是利益相关者获取企业环境信息的重要途径。企业在年度报告中可以专门设置环境章节，详细介绍环境政策、环境管理体系、环境绩效、环境目标及其达成情况等内容。这些信息的披露不仅可以提高企业的透明度，还可以增强社会对企业的信任和认可。

1. 年度报告的作用和重要性

（1）全面展示企业经营情况

年度报告汇总了企业全年的经营数据和绩效，涵盖财务状况、业务发展、市场表现等多个方面。通过年度报告，利益相关者可以全面了解企业的经营情况，作出更加科学的决策。环境章节的加入，使得利益相关者能够全面评估企业在环境保护和可持续发展方面的努力和成效。

（2）增强企业透明度和公信力

通过年度报告，企业公开披露经营成果和管理措施，增强透明度和公信力。详细的环境信息披露有助于展示企业在环境保护和可持续发展方面的努力，树立良好的企业形象。透明的环境信息披露可以使公众、投资者和其他利益相关者更信任企业，从而提高企业的社会责任感和品牌价值。

（3）促进企业与利益相关者的沟通

年度报告是企业与股东、投资者、客户、供应商、政府和公众等利益相关者沟通的重要渠道。通过报告中的环境章节，企业可以传递其环境管理理念和绩效，增强利益相关者的理解和支持。良好的沟通能够促进企业与利益相关者之间的合作，形成良好的社会关系网络。

2. 年度报告中的环境章节

(1) 环境政策

在环境章节中，企业可以详细介绍其环境政策，包括环境保护的基本原则和目标。环境政策是企业在环境管理方面的纲领性文件，展示了企业对环境保护的承诺和行动方向。通过详细介绍环境政策，企业可以向利益相关者传递其在环境保护方面的长期愿景和战略。

(2) 环境管理体系

企业应详细说明其环境管理体系，包括组织结构、职责分工、管理流程和控制措施。通过展示环境管理体系，企业可以向利益相关者证明其在环境管理方面的系统性和科学性。完整的环境管理体系展示可以增加利益相关者对企业环境管理能力的信任。

(3) 环境绩效

环境绩效是环境会计信息披露的重要内容。企业应提供详细的环境绩效指标，如能源消耗、水资源使用、废弃物处理、污染物排放等。通过数据和图表，企业可以直观展示其在环境保护方面的成就和进展。环境绩效数据的披露可以帮助利益相关者客观评估企业的环境管理效果。

(4) 环境目标及其达成情况

企业应设定明确的环境目标，并在年度报告中披露其达成情况。这不仅有助于展示企业的环境管理成效，还可以增强利益相关者对企业环境承诺的信任度。通过展示环境目标及其达成情况，企业可以向利益相关者展示其在环境保护方面的努力和进步。

(5) 环境风险及应对措施

企业应在年度报告中披露潜在的环境风险及其应对措施，包括环境事故、法律法规变化、市场需求波动等。通过透明地披露环境风险，企业可以增强利益相关者对其环境管理能力的信心。详细的风险披露可以帮助利益相关者了解企业面临的环境挑战及其应对策略。

3. 年度报告形式的优势

(1) 正规性和权威性

年度报告作为企业重要的法定文件，具有高度的正规性和权威性。通过年度报告披露环境信息，企业可以向利益相关者传递可靠和权威的信息，增强信息的可信度。正规和权威的披露形式可以提高环境信息的接受度和信任度。

(2) 信息量大和全面性

年度报告通常包含大量的经营和管理信息，涵盖财务、市场、生产、环境等多个方面。通过全面的信息披露，企业可以向利益相关者提供详尽的参考资料，支持其进行全面的分析和决策。全面的信息披露可以满足利益相关者多方面的信息需求，增强其对企业的了解。

（3）系统性和结构化

年度报告的编制过程系统化、结构化，确保信息的完整性和连贯性。环境章节作为其中的一部分，能够系统地展示企业的环境管理和绩效，增强信息的逻辑性和连贯性。系统化和结构化的信息披露可以提高报告的可读性和使用价值。

4. 实践案例

（1）跨国公司的综合报告

一些跨国公司每年发布综合报告，将财务报表、可持续发展报告和环境报告相结合，提供全面的信息披露。这种综合报告涵盖了企业的所有重要方面，有助于利益相关者进行全面的评估和决策。综合报告的形式可以提供多维度的信息，增强报告的全面性和实用性。

（2）科技企业的在线平台

一些科技企业利用在线平台实时披露环境信息，通过数据可视化工具和互动界面，提供直观的环境绩效分析。这种形式的披露既方便利益相关者获取信息，又增强了信息的透明度和易用性。在线平台的使用可以提高信息传递的效率和互动性，增强信息的影响力。

（3）制造企业的环境影响评估

制造企业在进行新项目时，编制详细的环境影响评估报告，评估项目的环境影响，并通过公开发布报告，向公众和监管机构展示其环境管理措施和承诺。这种透明的披露有助于赢得公众信任和支持。详细的环境影响评估可以增加企业项目的透明度和接受度。

年度报告是企业向外界披露其整体经营情况的重要文件，通常包含环境会计信息。企业在年度报告中可以专门设置环境章节，详细介绍环境政策、环境管理体系、环境绩效、环境目标及其达成情况等内容。年度报告形式正规、信息量大，是利益相关者获取企业环境信息的重要途径。通过年度报告，企业不仅可以全面展示其环境管理和绩效，增强透明度和公信力，还可以促进与利益相关者的沟通，支持其作出科学的决策，推动企业的可持续发展。多样化和系统化的信息披露形式有助于满足不同利益相关者的需求，提高环境信息的传播效果和影响力。

（二）可持续发展报告

可持续发展报告，也称为企业社会责任报告，专门针对企业在经济、社会和环境三个方面的表现进行全面披露。这类报告详细阐述企业的可持续发展战略、环境管理措施、环境绩效指标、资源利用、污染物排放、节能减排等内容。作为企业综合绩效的展示平台，可持续发展报告不仅强调企业在环境保护方面的努力，还突出了其在社会责任和经济贡献方面的成就。

1. 可持续发展报告的重要性

（1）综合展示企业绩效

可持续发展报告涵盖了企业在经济、社会和环境方面的所有重要表现。通过综合展示企业绩效，报告提供了一个全景式的视角，帮助利益相关者全面了解企业的可持续发展状况。

（2）提升企业透明度

通过详细披露企业的可持续发展措施和成果，报告增强了企业的透明度。利益相关者可以通过报告获取关于企业环境管理和社会责任的详尽信息，从而提高对企业的信任和认可。

（3）促进社会责任履行

可持续发展报告不仅展示了企业在环境保护方面的努力，还突出了其在社会责任方面的贡献，如社区发展、员工福利、产品安全等。通过报告，企业可以展示其全面履行社会责任的承诺和行动。

2. 可持续发展报告的主要内容

（1）可持续发展战略

报告应详细阐述企业的可持续发展战略，包括其愿景、目标和实施计划。可持续发展战略展示了企业在长期可持续发展方面的规划和决心，是企业战略管理的重要组成部分。

（2）环境管理措施

环境管理措施是可持续发展报告的重要内容，详细介绍了企业在环境保护方面采取的具体行动和管理方法。这些措施可能包括废物管理、污染控制、生态恢复等，通过展示这些措施，企业可以证明其在环境保护方面的实际行动。

（3）环境绩效指标

环境绩效指标是衡量企业环境管理效果的重要工具。报告应提供详细的环境绩效指标，如能源消耗、水资源使用、废弃物处理、污染物排放等。通过这些指标，利益相关者可以量化评估企业的环境管理成效。

（4）资源利用

企业应在报告中详细说明其资源利用情况，包括能源、水资源、原材料等的使用效率和管理措施。资源利用的有效管理是企业实现可持续发展的重要保障，通过详细披露，企业可以展示其在资源节约和高效利用方面的努力。

（5）污染物排放

报告应披露企业的污染物排放情况，包括废气、废水、固体废物等的排放量和处理措施。通过真实披露污染物排放情况，企业可以增强利益相关者对其环境管理能力的信心。

（6）节能减排

节能减排是企业实现可持续发展的重要途径。报告应详细介绍企业在节能减排方面的具体措施和成效，如能效提升、清洁能源使用、碳排放控制等。通过展示节能减排成果，企业可以证明其在应对气候变化方面的积极行动。

3. 可持续发展报告的优势

(1) 提升企业形象

通过详细的可持续发展报告，企业可以展示其在环境保护和社会责任方面的承诺和成就，提升企业的社会形象和品牌价值。良好的企业形象有助于吸引投资者、客户和优秀人才。

(2) 增强利益相关者信任

透明的可持续发展报告可以增强利益相关者对企业的信任。通过详细披露企业在可持续发展方面的措施和成果，利益相关者可以更好地了解企业的管理水平和责任意识。

(3) 推动内部管理改进

编制可持续发展报告是企业内部审视和改进管理的过程。通过系统地整理和分析可持续发展数据，企业可以发现管理中的不足和改进机会，推动内部管理的持续提升。

(4) 符合法规要求

在许多国家和地区，企业发布可持续发展报告是法定要求。通过编制和发布报告，企业可以确保符合相关法规和标准，避免法律风险和声誉损失。

4. 实践案例

(1) 跨国公司的可持续发展报告

一些跨国公司每年发布详细的可持续发展报告，展示其在全球范围内的可持续发展战略和成效。这些报告不仅涵盖环境管理措施，还详细介绍了公司在社会责任和经济贡献方面的实践，成为全球企业可持续发展的典范。

(2) 制造企业的环境绩效披露

制造企业通常在可持续发展报告中详细披露其环境绩效指标，如能源消耗、废弃物处理、污染物排放等。通过详细的数据和图表展示，制造企业可以向利益相关者证明其在环境管理方面的卓越表现。

(3) 科技企业的创新实践

科技企业在可持续发展报告中展示其在节能减排、清洁能源使用、资源循环利用等方面的创新实践。通过展示最新的科技应用和创新成果，科技企业可以树立行业领先的形象，吸引更多的投资和合作机会。

可持续发展报告，也称为企业社会责任报告，是企业全面展示其在经济、社会和环境三个方面表现的重要平台。通过详细阐述企业的可持续发展战略、环境管理措施、环境绩效指标、资源利用、污染物排放、节能减排等内容，企业可以提高透明度，增强社会信任，促进社会责任的全面履行。可持续发展报告不仅是企业展示其综合绩效的重要工具，也是推动企业内部管理改进和符合法规要求的重要手段。通过发布高质量的可持续发展报告，企业可以在激烈的市场竞争中脱颖而出，树立负责任和可持续发展的企业形象。

（三）环境报告

环境报告专注于披露企业的环境管理和绩效，详细介绍企业在环境保护方面的各项措施和成效。企业通过环境报告展示其环境治理成效、环境风险评估及应对措施、环境投资与成本等信息。环境报告通常较为专业和技术性，适合环境管理部门、监管机构及专业人士使用，是企业展示其环境责任和管理水平的重要文件。

1. 环境报告的重要性

（1）展示环境管理水平

环境报告详细披露企业在环境管理方面的措施和成效，展示其管理水平和能力。通过报告，企业可以向利益相关者证明其在环境保护方面的努力和成就，提升其在行业中的地位和信誉。

（2）增强透明度

通过环境报告，企业可以透明地展示其环境绩效和管理措施，增强信息披露的透明度。透明的信息披露有助于建立信任，赢得公众、投资者和监管机构的支持。

（3）促进环境管理改进

编制环境报告是企业审视和改进环境管理的重要过程。通过系统地整理和分析环境数据，企业可以发现管理中的不足和改进机会，推动环境管理的持续提升。

2. 环境报告的主要内容

（1）环境保护措施

环境报告应详细介绍企业采取的各项环境保护措施，包括废物管理、污染控制、生态恢复等。通过展示这些措施，企业可以证明其在环境保护方面的实际行动和努力。

（2）环境治理成效

环境治理成效是环境报告的重要内容，企业应提供详细的环境治理数据和成果。通过数据和图表，企业可以直观展示其在减少污染、节约资源、提高环境质量方面的成效。

（3）环境风险评估及应对

环境报告应披露企业的环境风险评估和应对措施，包括潜在的环境事故、法律法规变化、市场需求波动等。通过透明地展示环境风险及其应对策略，企业可以增强利益相关者对其环境管理能力的信心。

（4）环境投资与成本

环境报告应详细说明企业在环境保护方面的投资和成本，包括环保设备、环保技术、环保项目等的投入。通过详细披露环境投资和成本，企业可以展示其在环境保护方面的投入和承诺。

3. 环境报告的优势

(1) 专业性和技术性

环境报告通常较为专业和技术性，适合环境管理部门、监管机构及专业人士使用。通过详细的技术数据和分析，企业可以向专业人士展示其环境管理的科学性和专业性。

(2) 满足监管要求

环境报告是企业满足环境法规和监管要求的重要工具。通过编制和发布环境报告，企业可以确保符合相关法规和标准，避免法律风险和声誉损失。

(3) 支持决策制定

环境报告提供了详尽的环境管理数据和分析，支持企业内部和外部的决策制定。通过详细的环境信息，企业可以制定科学的环境管理策略，监管机构和专业人士也可以进行科学的评估和决策。

4. 实践案例

(1) 能源企业的环境报告

一些能源企业每年发布详细的环境报告，展示其在能源生产和使用过程中的环境管理措施和成效。这些报告详细披露了企业的污染控制措施、资源利用效率、环境风险评估及应对策略，成为行业内环境管理的典范。

(2) 制造企业的污染控制

制造企业通常在环境报告中详细披露其污染控制措施和成效，包括废水处理、废气排放控制、固体废物管理等。通过详细的数据和分析，制造企业可以向利益相关者证明其在污染控制方面的卓越表现。

(3) 科技企业的环保创新

科技企业在环境报告中展示其在环保技术和创新方面的实践，包括节能减排技术、清洁生产技术、资源循环利用技术等。通过展示最新的环保技术和创新成果，科技企业可以树立行业领先的形象，吸引更多的投资和合作机会。

环境报告是企业专注于披露环境管理和绩效的重要文件。通过详细介绍环境保护措施、环境治理成效、环境风险评估及应对、环境投资与成本等信息，企业可以展示其环境责任和管理水平。环境报告通常较为专业和技术性，适合环境管理部门、监管机构及专业人士使用，是企业展示其环境管理能力和科学性的有效工具。通过发布高质量的环境报告，企业不仅可以提高透明度，增强社会信任，还可以推动环境管理的持续改进，满足监管要求，支持科学决策，促进企业的可持续发展。

(四) 临时报告和公告

对于重大环境事件或变化，企业应通过临时报告或公告形式及时披露，确保信息的时效性和透明度。这种形式的报告能够迅速向公众通报紧急情况，包括重大环境事故、环保法律法规变化、环境治理项目启动或完成等情况。临时报告和公告形式简单明了，适用于紧急信息披露，是企业履行环境责任和保护公众知情权的重要手段。

1. 临时报告和公告的必要性

（1）提高透明度

通过临时报告和公告，企业可以及时、透明地披露重大环境事件，增强公众对企业的信任。透明的信息披露有助于维护企业声誉，避免因信息滞后或不完整引发的公众质疑和社会舆论风险。

（2）保护公众利益

重大环境事件可能对公众健康和环境安全造成影响。及时披露相关信息，可以帮助公众和相关机构迅速采取应对措施，保护公众利益和环境安全。

（3）符合法规要求

各国环保法规通常要求企业在发生重大环境事件时，必须及时向公众和监管机构报告。临时报告和公告是企业遵守法律法规、履行环境责任的必要手段。

2. 临时报告和公告的内容

（1）重大环境事故

当发生重大环境事故时，如化学品泄漏、大气污染事件、突发环境灾害等，企业应立即发布临时报告或公告，详细说明事故原因、影响范围、应急措施、处理进展等信息，确保公众及时了解情况。

（2）环保法律法规变化

环保法律法规的变化可能对企业的运营和环境管理产生重大影响。企业应及时发布公告，告知公众和利益相关者相关法规的变化内容、实施时间以及企业的应对措施。

（3）环境治理项目启动或完成

当企业启动或完成重大环境治理项目时，应通过临时报告或公告形式向公众披露项目的具体内容、目标、预期效果、实际成果等，展示企业在环境保护方面的努力和成效。

3. 临时报告和公告的优势

（1）简单明了

临时报告和公告形式简单明了，能够快速传达关键信息，适用于紧急信息披露。通过简明扼要的报告，企业可以迅速向公众通报重大环境事件，确保信息传递的及时性和有效性。

（2）灵活便捷

临时报告和公告形式灵活便捷，企业可以根据具体情况和需求，迅速编制和发布报告。无论是通过公司官网、新闻媒体还是社交媒体，临时报告和公告都能迅速覆盖广泛的受众。

（3）增强公信力

及时发布临时报告和公告，展示企业对环境事件的重视和负责态度，增强了企业的公信力。公众和利益相关者可以通过这些报告，了解企业的应急响应和管理能力，提高对企业的信任度。

4. 实践案例

(1) 化工企业的突发事故报告

某化工企业在发生突发化学品泄漏事故后，立即发布临时报告，详细说明事故原因、影响范围、应急措施、处理进展等信息。通过及时透明地披露，企业有效减轻了公众的恐慌情绪，赢得了社会的理解和支持。

(2) 电力企业的环保法规公告

某电力企业在环保法规变化后，迅速发布公告，详细解读新法规的内容和要求，并说明企业的应对措施和调整计划。通过及时告知公众和利益相关者，企业有效应对了政策变化带来的挑战，确保了合规运营。

(3) 制造企业的环境项目通报

某制造企业在完成重大环境治理项目后，发布临时报告，详细介绍项目的实施情况和取得的环境效益。通过报告，企业向公众展示了其在环境保护方面的积极行动和实际成果，提升了企业的社会责任形象。

临时报告和公告形式是企业在面对重大环境事件或变化时，及时披露信息的重要工具。通过简单明了的报告，企业可以迅速向公众通报重大环境事故、环保法律法规变化、环境治理项目启动或完成等情况，确保信息的时效性和透明度。这不仅有助于提高企业的透明度和公信力，还能保护公众利益，符合法规要求。实践证明，及时发布高质量的临时报告和公告，有助于企业在突发环境事件中有效管理风险，维护企业声誉，促进企业的可持续发展。

(五) 企业网站和社交媒体

企业可以利用官方网站和社交媒体平台进行环境信息披露，以实现更广泛的公众覆盖和互动。通过在网站上设立专门的环境信息栏目，定期更新环境管理动态、环境绩效数据、环保活动等内容；通过社交媒体发布环境信息、环保倡议、与公众互动等，企业能够扩大信息传播范围，增强透明度和公众信任。网络平台灵活便捷，是企业与公众进行广泛交流和沟通的重要工具。

1. 利用官方网站进行环境信息披露

(1) 设立环境信息栏目

企业可以在官方网站上设立专门的环境信息栏目，集中展示环境相关内容。栏目可以包括企业的环境政策、环境管理体系、环境绩效数据、环保活动、可持续发展报告等，确保信息全面、系统和透明。

例如，一家大型制造企业在其官网上设立了“绿色环保”栏目，详细介绍其在环保方面的政策、措施和成果，使得公众能够系统了解企业在环境保护方面的努力。

(2) 定期更新信息

企业应定期更新环境信息栏目，及时披露最新的环境管理动态和绩效数据。通过及时更新，企业可以展示其在环境保护方面的持续努力和最新成果，保持信息的时效性和可靠性。

比如，一家能源企业每季度更新其官网的环境信息，包括最新的环保项目进展、节能减排成果等，确保信息的及时性和可信度。

(3) 详细展示环境管理和绩效

网站栏目应详细介绍企业在环境保护方面的具体措施和成效，包括废物管理、污染控制、资源利用、环境治理项目等。通过详细的数据和图表展示，企业可以增强信息的可读性和可信度。

比如，一家科技公司通过官网详细展示其废水处理、空气污染控制等具体措施及效果，提供图表和数据支持，增强了信息的透明度和可信度。

2. 利用社交媒体平台进行环境信息披露

(1) 发布环境信息

企业可以通过社交媒体平台发布环境信息，如环境管理动态、环境绩效数据、环保活动等。社交媒体的即时性和广泛性可以帮助企业迅速传递信息，扩大信息传播范围。

比如，一家快消品企业定期在其官方社交媒体账号上发布环保活动的信息和成果，利用图片和短视频增强信息的吸引力和传播效果。

(2) 倡导环保理念

通过社交媒体，企业可以发布环保倡议和宣传环保理念，呼吁公众参与环保行动。例如，企业可以发起线上环保活动、环保知识竞赛等，增强公众的环保意识和参与度。

比如，一家化妆品公司通过社交媒体发起“绿色生活”倡议，呼吁消费者减少使用塑料制品，并组织线上活动奖励参与者，成功吸引了大量关注和参与。

(3) 与公众互动

社交媒体平台提供了企业与公众互动的机会。企业可以通过社交媒体回复公众的提问、收集公众的意见和建议，建立良好的沟通和互动关系。通过互动，企业可以更好地了解公众的需求和关注点，提高信息披露的针对性和有效性。

比如，一家科技公司通过社交媒体平台与公众互动，回答环保问题，征求意见，并发布调查问卷，增强了与公众的互动和信息披露的针对性。

3. 网络平台的优势

(1) 灵活便捷

网络平台灵活便捷，企业可以随时发布和更新信息，适应信息传播的快速变化。无论是官方网站还是社交媒体，企业都可以灵活选择合适的发布形式和时间，提高信息披露的效率和效果。

（2）覆盖面广

网络平台具有广泛的覆盖面，可以帮助企业触达更多的公众和利益相关者。通过互联网，企业可以超越地域限制，向全球公众传递环境信息，提升企业的国际影响力和知名度。

（3）成本效益高

相较于传统媒体，网络平台的信息披露成本较低，且具有高效的传播效果。企业可以通过低成本的网络平台，实现高效的信息传播和公众互动，提升信息披露的性价比。

4. 实践案例

（1）制造企业的官方网站环境信息栏目

某制造企业在官方网站上设立了专门的环境信息栏目，定期更新环境管理动态、环境绩效数据、环保活动等内容。通过详细的数据和图表展示，该企业成功增强了信息的透明度和可信度，赢得了公众的信任和支持。

（2）能源企业的社交媒体环保倡议

某能源企业利用社交媒体平台发布环保倡议，呼吁公众参与节能减排行动。通过发起线上环保活动和知识竞赛，该企业成功吸引了大量公众参与，增强了公众的环保意识和企业的社会形象。

（3）科技企业的社交媒体互动

某科技企业通过社交媒体平台与公众进行互动，回复公众的提问，收集意见和建议。通过及时的互动和回应，该企业不仅提高了信息披露的针对性和有效性，还增强了公众的信任和支持。

网络平台是企业进行环境信息披露的现代工具，具有灵活便捷、覆盖面广、成本效益高等优势。通过在官方网站上设立专门的环境信息栏目，定期更新环境管理动态、环境绩效数据、环保活动等内容，企业可以全面、系统地展示其在环境保护方面的努力和成效。通过社交媒体平台发布环境信息、倡导环保理念、与公众互动，企业可以迅速扩大信息传播范围，增强信息披露的透明度和公众信任。实践证明，利用网络平台进行环境信息披露，不仅有助于提升企业的透明度和社会形象，还能推动企业与公众的广泛交流和沟通，促进企业的可持续发展。

（六）新闻发布会和公开活动

企业可以通过召开新闻发布会、组织环保公开活动等形式披露环境信息。这些活动不仅能有效传递企业在环境保护方面的努力和成果，还能增强公众的信任感。例如，企业可以在新闻发布会上发布年度环境报告，宣讲环保政策，展示环保成就。通过面对面的沟通和展示，企业可以显著增强信息传达的效果，进一步提升其社会形象和环境责任感。

1. 新闻发布会：权威信息披露平台

（1）发布年度环境报告

企业可以利用新闻发布会这一权威平台，发布其年度环境报告。通过详细讲解环境报告的内容，包括环境管理措施、绩效数据、治理成效等，企业能够向媒体和公众传递全面、准确的环境信息。

比如，一家大型制造企业在年度新闻发布会上，详细讲解了其在过去一年中的环境绩效数据和环保项目进展，增强了信息的透明度和公信力。

（2）宣讲环保政策

新闻发布会也是企业宣讲环保政策的理想场所。通过向媒体和公众介绍企业的环保政策、未来目标和战略规划，企业可以展示其在环境保护方面的承诺和决心。

比如，某能源企业在新闻发布会上宣讲了其最新的环保政策，包括减少碳排放、提高能源效率等，获得了媒体和公众的广泛关注和认可。

（3）展示环保成就

企业可以在新闻发布会上展示其在环保方面取得的成就，如成功实施的环保项目、创新的环保技术、获得的环保奖项等。通过展示具体的成就，企业能够增强公众的信任感和认同感。

比如，某科技公司在其新闻发布会上展示了最新研发的环保技术，并分享了成功实施的环保项目案例，增强了企业的社会形象和环境责任感。

2. 环保公开活动：增强公众参与和信任

（1）组织环保开放日

企业可以定期组织环保开放日活动，邀请公众参观企业的环保设施，了解企业的环境管理措施和成效。通过开放企业内部，企业可以展示其在环保方面的实际行动和成果，增强公众的信任感。

比如，某制造企业每年组织环保开放日活动，邀请当地社区居民和媒体参观其废水处理设施和绿色生产线，展示企业在环境保护方面的努力和成效。

（2）开展环保宣传活动

企业可以组织环保宣传活动，如环保知识讲座、环保展览、环保教育工作坊等，通过面对面的互动和交流，提高公众的环保意识和知识水平。

比如，某化工企业在社区内组织环保知识讲座，向居民讲解环境保护的重要性和具体措施，增强了企业与社区的互动和信任。

（3）参与环保公益活动

企业可以积极参与或组织环保公益活动，如植树造林、清洁河流、环保志愿服务等，通过实际行动展示企业的环境责任和社会贡献。

比如，某快消品企业组织员工参与当地的植树造林活动，并邀请社区居民共同参与，增强了企业的社会形象和公众的参与感。

3. 面对面沟通和展示的优势

（1）增强信息传达效果

通过新闻发布会和环保公开活动，企业能够直接与媒体和公众面对面沟通，增强信息传达的效果。面对面的沟通形式能够更直观、具体地传递环境信息，提升信息的可信度和影响力。

（2）提高公众信任感

面对面的展示和互动能够增强公众的信任感。通过透明、开放的沟通和展示，企业可以展示其在环境保护方面的真实努力和成就，赢得公众的信任和支持。

（3）促进企业与公众的互动

环保公开活动和新闻发布会提供了企业与公众互动的平台。通过面对面的交流，企业可以更好地了解公众的需求和反馈，改进环境管理措施，提高环境信息披露的效果。

4. 实践案例

（1）制造企业的环保开放日

某制造企业每年组织环保开放日活动，邀请当地社区居民和媒体参观其环保设施。通过详细讲解和展示企业的环境管理措施和成效，该企业成功增强了信息的透明度和公信力，赢得了公众的信任和支持。

（2）能源企业的新闻发布会

某能源企业利用新闻发布会发布其年度环境报告，详细介绍其环境绩效数据和未来的环保战略。通过透明、详细的信息披露，该企业成功提升了公众和媒体对其环保承诺的信任度和认可度。

（3）科技企业的环保公益活动

某科技企业积极参与当地的环保公益活动，组织员工参与植树造林和清洁河流等志愿服务。通过实际行动展示其环境责任和社会贡献，该企业不仅提升了社会形象，还增强了员工和公众的环保意识。

企业可以通过召开新闻发布会、组织环保公开活动等形式披露环境信息。这些活动不仅能有效传递企业在环境保护方面的努力和成果，还能增强公众的信任感。例如，企业可以在新闻发布会上发布年度环境报告，宣讲环保政策，展示环保成就；在环保公开活动中，企业可以组织环保开放日、开展环保宣传、参与环保公益活动等。通过面对面的沟通和展示，企业可以显著增强信息传达的效果，进一步提升其社会形象和环境责任感。实践证明，新闻发布会和环保公开活动不仅有助于提高企业的透明度和公信力，还能促进企业与公众的互动和交流，推动企业的可持续发展。

（七）第三方评估和认证

企业可以邀请独立的第三方机构进行环境管理体系评估和认证，并将评估结果和认证证书进行披露。这一举措不仅能增强信息的可信度和权威性，还能展示企业在环境管理方面的专业性和透明度。例如，通过 ISO 14001 环境管理体系认证、碳足迹核查、环境绩效评级等，企业能够证明其环境管理措施的有效性和可靠性。

1. ISO 14001 环境管理体系认证

（1）认证过程

ISO 14001 是国际标准化组织（ISO）制定的环境管理体系标准，旨在帮助企业系统地管理其环境责任。通过实施 ISO 14001，企业可以建立、实施、维护和改进环境管理体系。

企业需要通过独立的第三方机构进行审核和认证，以确保其环境管理体系符合 ISO 14001 标准的要求。认证过程包括文件审查、现场审核、纠正措施等步骤，确保企业的环境管理措施全面、系统和有效。

（2）认证披露

获得 ISO 14001 认证后，企业可以将认证证书和评估报告进行披露。这不仅展示了企业在环境管理方面的专业性和透明度，还增强了信息的可信度和权威性。

例如，一家大型制造企业在其年度报告和官方网站上披露了获得 ISO 14001 认证的情况，并详细介绍了认证过程和结果，增强了公众对其环境管理能力的信任。

2. 碳足迹核查

（1）核查过程

碳足迹核查是评估企业在生产和运营过程中产生的温室气体排放量的过程。企业可以邀请独立的第三方机构进行核查，以确保其碳足迹数据的准确性和可靠性。

核查过程包括数据收集、计算、验证和报告等步骤，确保企业的碳足迹数据全面、准确和透明。

（2）核查披露

完成碳足迹核查后，企业可以将核查报告和相关证书进行披露。通过披露碳足迹数据，企业可以展示其在减少碳排放和应对气候变化方面的努力和成果。

比如，一家能源企业在其可持续发展报告中详细披露了碳足迹核查的结果，并介绍了其减排措施和未来目标，增强了信息的透明度和可信度。

3. 环境绩效评级

（1）评级过程

环境绩效评级是第三方机构根据特定的评估标准，对企业的环境管理措施和绩效进行综合评价和评级。评级过程包括数据收集、现场审核、指标评价等步骤，确保评估结果客观、公正和全面。

企业可以根据评级结果，了解其环境管理的强项和弱项，制定改进措施，提高环境管理水平。

(2) 评级披露

获得环境绩效评级后，企业可以将评级结果和评估报告进行披露。通过披露环境绩效评级，企业可以展示其环境管理的有效性和持续改进的能力，增强公众和利益相关者的信任。

比如，某科技公司在其环境报告中披露了最新的环境绩效评级结果，并详细介绍了评级过程和改进措施，展示了其在环境管理方面的持续努力和成就。

4. 第三方评估和认证的优势

(1) 公信力

独立第三方机构的评估和认证具有公信力，能够增强信息的权威性和可信度。通过第三方认证，企业可以证明其环境管理措施的专业性和有效性，赢得公众和利益相关者的信任。

(2) 透明性

通过第三方评估和认证，企业可以展示其环境管理的透明性和公开性。评估和认证过程的透明度和公开性，有助于增强公众对企业环境管理的信任和认可。

(3) 持续改进

第三方评估和认证不仅能帮助企业识别环境管理中的问题和不足，还能提供改进建议，推动企业不断提高环境管理水平，实现可持续发展。

5. 实践案例

(1) 制造企业的ISO 14001认证

某制造企业通过独立第三方机构的审核，成功获得ISO 14001环境管理体系认证。企业在其年度报告和官方网站上披露了认证证书和评估报告，详细介绍了认证过程和结果，增强了信息的透明度和公信力。

(2) 能源企业的碳足迹核查

某能源企业邀请独立第三方机构进行碳足迹核查，确保其碳排放数据的准确性和可靠性。企业在可持续发展报告中详细披露了核查结果和减排措施，展示了其在应对气候变化方面的努力和成果。

(3) 科技公司的环境绩效评级

某科技公司通过第三方机构的环境绩效评级，全面评估其环境管理措施和绩效。企业在环境报告中披露了评级结果和改进措施，展示了其在环境管理方面的持续努力和成就，增强了公众和利益相关者的信任。

企业可以邀请独立的第三方机构进行环境管理体系评估和认证，并将评估结果和认证证书进行披露。这不仅能增强信息的可信度和权威性，还能展示企业在环境管理方面的专业性和透明度。例如，通过ISO 14001环境管理体系认证、碳足迹核查、环境绩效评级等，企业能够证明其环境管理措施的有效性和可靠性。第三方评估和认证的优势在于其公信力、透明性和持续改进的能力，有助于企业赢得公众和利益相关者的信任，推动企业实现可持续发展。

环境会计信息披露的形式多种多样，旨在确保信息能够有效传达给利益相关者，并且易于理解和使用。通过年度环境报告、可持续发展报告、财务报表附注、环境影响评估报告、网站和社交媒体、新闻发布会和媒体报道、互动式在线报告等多种形式，企业不仅可以提高信息传递的效率和效果，还能增强信息的理解和使用，满足不同利益相关者的需求，从而提升企业的透明度和社会责任感。多样化的披露形式不仅有助于企业与利益相关者之间建立良好的沟通和信任关系，也推动了社会整体环境管理水平的提高，共同促进环境保护和可持续发展的实现。

第二节　企业环境会计信息披露的渠道与动因

一、企业环境会计信息披露的渠道

企业环境会计信息披露的渠道是指企业向利益相关者传递其环境管理和环境绩效信息的各种途径。选择合适的披露渠道可以确保信息能够有效传达，满足不同利益相关者的需求，提高信息的透明度和可信度。以下是主要的环境会计信息披露渠道。

（一）企业官方网站

企业官方网站是企业环境会计信息披露的重要渠道之一。企业可以在网站上设立专门的环境信息栏目，发布年度环境报告、可持续发展报告、环境政策、环境绩效数据、环保活动等信息。通过官方网站，利益相关者可以方便地获取最新的环境信息，了解企业在环境保护方面的努力和成就。

（二）社交媒体平台

随着社交媒体的普及，企业越来越多地利用这些平台进行环境信息披露。通过微信、微博、Facebook、Twitter、LinkedIn 等社交媒体，企业可以发布环境新闻、环保倡议、环境绩效数据、环保活动预告和回顾等。社交媒体具有传播速度快、互动性强的特点，有助于企业与公众进行及时有效的沟通。

（三）年度报告和可持续发展报告

企业可以通过年度报告和可持续发展报告披露环境信息。这些报告通常发布在企业官方网站、政府监管部门和证券交易所的网站上。年度报告和可持续发展报告是系统全面披露企业环境信息的正式文件，适用于投资者、监管机构、非政府组织等专业利益相关者。

（四）新闻发布会和媒体报道

企业可以通过新闻发布会和媒体报道披露重大环境信息和事件。例如，发布年度环境报告、宣布环保项目启动、通报重大环境事故等。通过新闻发布会，企业可以直接向公众传达信息；通过媒体报道，企业可以借助媒体的广泛影响力，扩大信息传播范围，提高公众关注度。

（五）政府和行业监管平台

在某些国家和地区，政府和行业监管部门要求企业在指定的平台上披露环境信息。例如，生态环境部、证券交易所、行业协会等可能要求企业提交环境报告、排放数据、环境管理体系认证等信息。通过这些平台，监管机构和公众可以监督企业的环境行为，确保企业遵守相关法律法规。

（六）社区活动和公众参与

企业可以通过组织和参与社区活动来披露环境信息。例如，举办环保讲座、环境开放日、植树活动、环保志愿者活动等。通过这些活动，企业可以直接与社区居民和公众交流，传递环境保护的信息，增强公众的环境意识，展示企业的环境责任感。

（七）学术会议和专业论坛

企业可以通过参加学术会议和专业论坛披露环境信息。例如，环境保护会议、可持续发展论坛、绿色金融研讨会等。通过这些平台，企业可以与政府部门、学术界、行业专家、非政府组织等利益相关者交流，分享环境管理经验和成果，展示企业在环境保护方面的专业能力和领先地位。

通过多渠道的环境会计信息披露，企业能够全面传递环境信息，提高透明度和社会责任感，增强与利益相关者的沟通与信任。这不仅有助于树立企业的良好公众形象，也有助于推动社会整体环境管理水平的提高，实现可持续发展目标。

二、环境会计信息披露的动因

环境会计信息披露的动因是指驱动企业主动披露其环境管理和环境绩效信息的各种因素。理解这些动因有助于认识企业在环境信息披露方面的动力源泉，促使更多企业提高环境透明度，履行社会责任。以下是主要的环境会计信息披露动因。

（一）法律法规要求

各国政府和国际组织逐渐加强对企业环境信息披露的法律法规要求。企业需要遵守相关法律法规，按照规定的标准和方法披露环境信息。例如，环境保护法、排放许可制度、环境影响评估制度等都要求企业定期报告其环境绩效和环境管理情况。法律法规的强制性要求是企业环境会计信息披露的重要动因之一。

（二）市场和投资者需求

随着环境问题的日益凸显，市场和投资者对企业环境绩效的关注度不断提高。投资者希望了解企业在环境管理方面的表现，以评估其环境风险和可持续发展能力。企业通过环境信息披露，可以满足投资者的需求，增强投资者信心，吸引更多的绿色投资，提升企业的市场竞争力和股东价值。

（三）公众和社会压力

环境问题关系到公众的健康和生活质量，公众和社会对企业环境行为的关注度和监督力度不断加大。非政府组织、媒体、社区居民等通过各种渠道施加压力，要求企业透明披露环境信息，采取积极的环境保护措施。企业为了应对公众和社会的压力，树立良好的社会形象，增强公众信任感，积极披露环境会计信息。

（四）企业社会责任和可持续发展战略

现代企业越来越重视履行社会责任和实现可持续发展目标。环境信息披露是企业社会责任的重要组成部分，有助于展示企业在环境保护方面的承诺和行动。通过披露环境信息，企业可以向利益相关者传递其可持续发展战略，提升企业的品牌价值和社会影响力，获得更多的市场认可和支持。

（五）环境管理和绩效改进

环境信息披露有助于企业内部环境管理的改进和环境绩效的提升。通过系统收集、分析和披露环境信息，企业可以识别环境风险和改进机会，制定更科学的环境管理措施，提高资源利用效率，降低污染排放和环境成本。环境信息披露不仅是对外沟通的工具，也是企业内部环境管理的重要手段。

（六）行业竞争和标杆效应

随着环境保护意识的增强，行业内的领先企业往往通过环境信息披露树立环保标杆，提升行业标准。其他企业为了保持竞争力，避免在环境管理方面落后于同行，也会积极披露环境信息，展示其环保努力和成就。行业竞争和标杆效应促使更多企业加入环境信息披露的行列，推动整个行业的绿色发展。

（七）国际合作和市场准入

随着全球化的发展，企业参与国际合作和进入国际市场的机会增加。许多国际市场和合作伙伴对企业的环境信息披露有严格要求。例如，欧盟的绿色采购政策、跨国公司的供应链环保标准等。企业为了符合国际标准，进入国际市场，参与国际合作，必须按照要求披露环境信息，展示其环境管理能力和可持续发展承诺。

通过以上动因的驱动，企业积极进行环境会计信息披露，不仅有助于提升其环境透明度和社会责任感，也有助于增强市场竞争力，优化内部环境管理，实现可持续发展目标。环境信息披露不仅是企业对外展示的重要途径，也是企业内部管理和绩效改进的有效工具，推动企业在环境保护和可持续发展道路上不断前行。

第三节　企业环境会计信息披露的内容

企业环境会计信息披露的内容涵盖了企业在环境管理和环境绩效方面的各种信息。这些信息不仅反映了企业的环境影响和环保措施，还展示了企业在可持续发展方面的努力和成就。全面、详细的环境信息披露有助于利益相关者全面了解企业的环境管理水平，增强企业的透明度和社会责任感。以下是环境会计信息披露的主要内容。

一、环境管理政策和目标

企业应该披露其环境管理政策和环境目标，这是企业社会责任的重要组成部分。这种披露包括了企业的环境保护方针、环境管理体系（如 ISO 14001 标准）的建立和实施情况，以及企业制定和实现环境目标的情况。通过这些信息的披露，企业能够向利益相关者展示其在环境管理方面的战略和承诺。首先，企业应该公布其环境保护方针，即企业在环境保护方面的价值观和承诺。这包括企业对环境保护的态度、目标和原则，以及为实现这些目标而采取的具体措施和政策。例如，企业可能会承诺减少碳排放、降低能源消耗、优化资源利用等。其次，企业应该披露其环境管理体系的建立和实施情况。这包括企业是否建立了符合国际标准的环境管理体系（如 ISO 14001 标准），以及该体系的具体内容和运作情况。企业可以介绍其环境管理体系的组织架构、职责分工、程序流程等，以及通过环境管理体系实施的具体环境保护措施和管理实践。最后，企业还应该披露其制定和实现的环境目标。这包括企业为改善环境绩效而设定的具体、可量化的目标，以及企业在一定时间内实现这些目标的进展情况和成就。例如，企业可能会制定减少废物排放、提高能源效率、采用环保技术等方面的目标，并定期报告这些目标的实现情况。

通过披露企业的环境管理政策和环境目标，企业能够向投资者、客户、员工和社会公众展示其在环境管理方面的战略和承诺，增强其在社会责任领域的形象和声誉，促进可持续发展。

二、环境管理体系

企业应该详细介绍其环境管理体系的建立和运行情况，这是企业履行环境责任和提升环境绩效的重要方面。这种介绍包括企业的环境管理组织架构、环境管理职责分工、环境管理流程和制度，以及内部和外部环境审核情况等。一个完善的环境管理体系是企业实现环境目标和提升环境绩效的基础。

首先，企业应该介绍其环境管理组织架构，即企业内部环境管理机构的设置和运行情况。这包括企业的环境管理部门或委员会的组成、职责和权责关系，以及环境管理人员的配备和岗位设置。通过介绍组织架构，企业可以展示其对环境管理的重视程度和组织体系的完备性。

其次，企业应该介绍其环境管理职责分工，即各个部门和岗位在环境管理方面的具体职责和任务。这包括各级管理人员和员工在环境管理中的角色和职责，以及他们应当遵循的环境管理制度和规定。通过介绍职责分工，企业可以确保环境管理工作的落实和执行。

再次，企业应该介绍其环境管理流程和制度，即企业在环境管理方面建立的相关流程、制度和标准。这包括环境管理的各个环节和步骤，如环境影响评价、环境管理计划制订、环境监测和检测、环境应急预案等。通过介绍流程和制度，企业可以确保环境管理工作的有序进行和有效实施。

最后，企业应该介绍其内部和外部环境审核情况，即对环境管理体系和实施情况进行内部和外部审核和评估。内部审核可以包括定期的自查和自评，以及对环境管理体系和实施情况进行的内部审计和评估。外部审核可以包括对企业环境管理体系进行的第三方认证和审核，如 ISO 14001 标准的认证。通过介绍审核情况，企业可以展示其环境管理工作的透明度和可信度，以及对外界监督和评价的接受程度。

综上所述，企业应该详细介绍其环境管理体系的建立和运行情况，包括环境管理组织架构、环境管理职责分工、环境管理流程和制度、内部和外部环境审核情况等方面的内容。这有助于展示企业对环境管理的重视程度和组织体系的完备性，从而实现环境目标和提升环境绩效的目标。

三、环境绩效指标

环境绩效指标是反映企业环境管理效果的重要数据之一。企业应当在年度报告中披露各类环境绩效指标，包括但不限于能源消耗、水资源利用、废气排放、废水排放、固体废弃物处理、温室气体排放以及资源回收利用等方面的数据。这些指标能够直观地展示企业在环境保护和可持续发展方面的表现和改进情况，为利益相关者提供了重要参考。首先，能源消耗指标反映了企业在生产和运营过程中所消耗的能源量，包括电力、燃气等。这些数据可以帮助利益相关者评估企业的能源利用效率和节能减排措施的效果。其次，水资源利用指标涉及企业在生产过程中对水资源的利用情况，包括用水量、水资源利用率等。这些数据反映了企业对水资源的管理和利用情况，以及水资源利用效率的水平。

废气排放和废水排放指标则反映了企业生产过程中所排放的废气和废水的数量和质量。这些数据直接关系到企业的环境排放情况和污染防治工作，对环境影响较大。

固体废弃物处理指标涉及企业在生产和运营过程中所产生的固体废弃物的处理情况，包括废物产生量、废物分类处理率等。这些数据反映了企业的废物管理水平和资源利用情况。

温室气体排放是指企业在生产和运营过程中排放的温室气体，如二氧化碳、甲烷等。这些数据与气候变化和全球环境保护密切相关，对企业的环境形象和社会责任形象有重要影响。

资源回收利用指标则反映了企业对资源的合理利用和再利用情况，包括废物再利用率、资源回收率等。这些数据反映了企业在资源利用和循环经济方面的表现和努力。

通过披露这些环境绩效指标，企业能够向利益相关者展示其在环境管理方面的努力和成绩，提升企业的环境形象和社会责任形象，增强投资者和消费者对企业的信任和支持。

四、环境风险和应对措施

企业应当披露其识别的环境风险和相应的应对措施，这有助于利益相关者了解企业在应对环境挑战方面的准备和能力。具体来说，这种披露包括以下内容：①环境风险评估结果。企业应当对其经营活动可能带来的环境风险进行评估，并将评估结果披露给利益相关者。这些评估结果可以涉及可能出现的污染物排放、资源利用情况、生态系统影响等方面的风险。②重大环境风险事件及其影响。企业需要披露曾经发生或可能发生的重大环境风险事件，并说明其对企业经营和环境保护的影响。这些事件可能包括意外泄漏、污染事件、环境事故等。③环境风险应急预案和演练情况。企业应当披露其制定的环境风险应急预案，并说明预案内容、应急措施和相关责任人等信息。此外，企业还应当披露应急预案的演练情况，以评估其有效性和可行性。④环境事故的处理和整改措施。若企业曾发生环境事故，应当披露事故的处理情况和整改措施，并说明已采取的措施以防止类似事件再次发生。通过披露识别的环境风险和相应的应对措施，企业能够向利益相关者展示其在环境风险管理方面的重视和努力，增强投资者和消费者对企业的信任和支持。同时，这也有助于提高企业自身的环境管理水平，减少环境风险对企业经营的影响。

五、环境投资和费用

企业应披露其在环境保护方面的投资和费用情况，以展示其对环境保护的投入力度和重视程度，为利益相关者提供透明度和信任。具体而言，这种披露包括以下内容：第一，环境治理项目的投资金额。披露企业在环境治理项目上的投资金额，包括用于减少污染、资源回收利用、提高能源效率等方面的投入。第二，环保设备的采购和维护费用。披露企业采购环保设备的费用以及设备维护的相关成本，如污水处理设备、废气净化设备等。第三，环境管理体系建设和运行费用。披露企业建设和运行环境管理体系的费用，包括环境管理部门的运营成本、环境监测和评估费用等。第四，环境培训和宣传费用。披露企业用于员工环境培训和社会宣传的费用，包括环境政策的宣传、环保知识的培训等方面的支出。通过披露上述环境保护投资和费用情况，企业可以向利益相关者展示其在环境保护方面的责任感和努力，增强其社会责任形象和可持续发展的信誉。同时，这也有助于利益相关者更好地了解企业在环境保护方面的投入和成效，提高对企业的认可度和信任度。

六、环境合规情况

环境合规情况是企业在环境管理方面的重要表现之一，其披露对于维护企业的社会责任形象、增强投资者信任度以及推动可持续发展具有重要意义。以下是关于环境合规情况的详细说明：①遵守的环境法律法规和标准。企业应清晰地列出其遵守的各级环境法律法规和标准，包括国家、地方和行业相关的法规要求。这包括但不限于大气污染防治法、水污染防治法、土壤污染防治法等法律法规以及相应的标准。②环境合规检查结果。披露企业进行的环境合规检查结果，包括自查、监管部门的检查、第三方评估等。描述检查的范围、结果、存在的问题以及整改措施等信息，以展示企业对环境合规的严格态度和主动作为。③环保部门的执法情况。详细说明环保部门对企业的执法情况，包括接受的检查、处罚情况、整改要求等。说明企业对执法的配合情况以及针对性的整改措施，凸显企业的合规意识和行动力。④环境处罚和整改措施。描述企业因环境违规行为而接受的处罚情况，以及企业采取的整改措施和实施进展。这包括罚款金额、整改期限、整改效果等方面的详细信息，突出企业对环境违规行为的态度和应对措施。⑤环境合规承诺。说明企业对环境合规的承诺，包括遵守相关法律法规、持续改进环境绩效、保护环境和生态等方面的承诺。通过明确的承诺，彰显企业在环境保护方面的责任担当和未来发展方向。通过充分披露上述环境合规情况，企业可以向利益相关者展示其积极履行环境责任的决心和实际行动，增强其在社会和市场中的形象和声誉，同时也有助于提高投资者和利益相关者对企业的信任度，促进其可持续发展。

七、环境绩效改进计划

环境绩效改进计划是企业在环境管理方面持续改进的重要举措之一，其披露对于展示企业的环境责任意识和持续改进的决心至关重要。以下是关于环境绩效改进计划的更详细说明：①具体措施。企业应详细列出环境绩效改进计划中的具体措施，包括但不限于节能减排、资源循环利用、减少污染物排放、推动清洁生产等方面的行动。这些措施应当与企业的实际情况相符合，能够有效提升环境绩效。②实施进展。披露环境绩效改进计划的实施进展情况，包括已经完成的措施、正在实施的项目以及计划中的行动。通过透明地展示实施进展，企业可以向利益相关者展示其在环境改善方面的实际行动和成效。③预期效果。描述环境绩效改进计划预期带来的效果，包括减少的污染物排放量、节约的资源消耗、提高的能源利用效率等方面的预期成果。这有助于让利益相关者了解企业的环境改善目标和期望效果。④目标达成情况。披露环境绩效改进计划的目标达成情况，包括已经实现的目标、正在努力实现的目标以及未来的发展方向。通过评估目标的达成情况，企业可以及时调整策略，确保环境绩效改进计划的顺利实施和成效显著。通过充分披露上述环境绩效改进计划的内容，企业可以向利益相关者展示其积极应对环境挑战的态度和行动，增强其在社会和市场中的形象和声誉。同时，这也有助于提高投资者和利益相关者对企业的信任度，促进其可持续发展。

八、环境影响评价

环境影响评价（Environmental Impact Assessment，EIA）是一种系统性的评估方法，用

于评估新项目、政策、计划或活动对环境可能产生的影响，以及确定和提出减轻、补偿或消除这些影响的措施。这项评价旨在确保在决策制定之前，对可能产生的环境影响进行全面评估，并与社会、经济和文化因素相结合，以便作出全面的决策。环境影响评价通常包括以下几个步骤：①问题识别和范围界定。确定可能受到影响的环境因素和相关利益相关者，明确评价的范围和边界。②基线调查和数据收集。收集和分析项目区域的现有环境状况和基线数据，包括土壤、水资源、空气质量、生物多样性等方面的信息。③环境影响预测。评估项目可能产生的直接和间接、短期和长期的环境影响，包括生态、社会、文化和经济方面的影响。④评估和辨识。识别和评估项目可能产生的负面和积极的环境影响，并确定其重要性和严重性。⑤控制措施和修正建议。提出减轻、补偿或消除环境影响的措施和建议，并在决策制定和项目实施阶段加以考虑。⑥公众参与和沟通。向公众和利益相关者提供机会参与评价过程，并就评估结果和建议进行沟通和交流。通过环境影响评价，决策者可以更全面地了解项目可能产生的环境影响，并制定相应的管理和控制措施，以最大限度地减少负面影响并促进可持续发展。

九、环境认证和奖项

企业应当充分披露其获得的环境认证和奖项情况，包括通过的环境管理体系认证，比如 ISO 14001 认证，以及获得的环保荣誉和奖项等。这种披露不仅向外界展示了企业在环境保护方面的积极实践和成就，也体现了其对环境责任的认真态度和承诺。ISO 14001 认证是国际上广泛认可的环境管理体系认证，其获得代表了企业在环境管理方面达到了国际标准的要求，进一步彰显了企业在环保方面的领先地位。此外，获得环保荣誉和奖项也是企业在环境领域取得成就的重要体现，能够提升企业形象、增强社会认可度，并为企业未来的发展注入信心和动力。因此，通过充分披露这些认证和奖项情况，企业不仅可以展示其在环境保护方面的领先地位，还能够增强投资者和利益相关者对企业的信任和认可，为企业的可持续发展注入新的活力。

通过全面、详细的环境会计信息披露，企业可以向利益相关者展示其在环境管理和可持续发展方面的努力和成就。环境信息的透明披露不仅有助于增强企业的社会责任感和公众信任度，还能推动企业不断提升环境绩效，实现绿色发展和可持续发展目标。这种披露形式包括但不限于通过财务报告中的环境会计信息展示企业的环境成本、环境投资、资源利用效率以及碳排放等数据。通过这些信息的披露，企业可以让利益相关者更好地了解其在环境管理方面的具体举措和成效，加强与社会各界的沟通与信任。同时，这也有助于引导企业将环境保护纳入企业战略规划中，并持续改进环境管理体系，从而实现绿色发展和可持续发展的双重目标。

第四节　完善企业环境会计信息披露的对策建议

为了提高企业环境会计信息披露的质量和效果，使之更好地满足利益相关者的需求，企业需要采取一系列对策和措施。以下是一些具体的建议，以帮助企业完善其环境会计信息披露。

一、建立健全的环境管理体系

企业应建立和完善环境管理体系，如ISO 14001环境管理体系。这不仅有助于系统化、规范化地管理企业的环境事务，还为环境会计信息披露提供了有力支持。企业应确保环境管理体系的各个环节都能产生准确、可靠的数据，以便进行全面和详尽的信息披露。

二、加强环境信息收集与分析

企业应建立完善的信息收集和数据管理机制，确保环境数据的准确性和完整性。通过引入先进的信息技术手段，如环境管理信息系统（EMIS），企业可以实现环境数据的实时监测、收集和分析，提高数据的可信度和披露效率。

三、制定明确的环境信息披露标准

企业应参照国际和国内环境信息披露标准和指南，如全球报告倡议组织（GRI）标准、ISO 14063《环境管理环境沟通指南与实例》标准等，制定适合自身特点的环境信息披露标准。明确的披露标准可以确保信息披露的一致性和可比性，使利益相关者能够更好地理解和比较企业的环境绩效。

四、提高环境信息披露的透明度

企业应确保环境信息披露的透明度，主动、公开地披露环境管理和绩效信息。企业可以通过年度报告、可持续发展报告、环境报告等正式文件，以及官方网站、社交媒体等渠道，及时、全面地向公众传递环境信息。同时，企业应详细说明信息的来源和计算方法，提高信息的可追溯性和公信力。

五、增强利益相关者的参与度

企业应加强与利益相关者的沟通与互动，积极听取他们的意见和建议。在环境信息披露过程中，企业可以通过公众参与、社区座谈会、问卷调查等方式，了解利益相关者的需求和关切问题，改进披露内容和形式，确保信息披露更具针对性和实用性。

六、定期进行环境绩效审计

企业应定期进行内部和外部环境绩效审计，确保环境管理和绩效信息的真实性和准确性。通过引入独立的第三方审计机构，对环境信息进行客观、公正的评估和验证，可以提高信息披露的可信度，增强利益相关者的信任感。

七、开展环境信息披露培训

企业应为相关管理人员和员工提供环境信息披露的培训，提高他们对环境信息披露重要性和技术要求的认识。培训内容可以包括环境管理体系的运行、环境数据的收集与分析、信息披露标准与方法等。通过培训，企业可以提高整体环境信息披露的质量和水平。

八、积极响应政府和行业要求

企业应积极响应政府和行业对环境信息披露的要求，遵守相关法律法规和行业标准。在政府和行业组织发布新的环境信息披露规定时，企业应及时更新和调整其信息披露内容和形式，确保合规性和时效性。

九、提升环境信息披露的创新性

企业可以通过引入创新的披露形式和技术手段，提高环境信息披露的效果。例如，利用图表、图像、视频等多媒体形式展示环境绩效数据，使信息更加生动直观；采用大数据分析、区块链技术等新兴技术手段，提高信息披露的精准度和透明度。

十、建立环境信息披露的激励机制

企业应建立环境信息披露的激励机制，鼓励员工积极参与环境管理和信息披露工作。通过设立环境绩效考核指标、颁发环境管理奖项、提供培训和晋升机会等方式，激发员工的环保意识和责任感，提高整体环境信息披露的质量。

通过以上对策和建议，企业可以不断完善其环境会计信息披露，提高信息的准确性、完整性和透明度，增强与利益相关者的沟通和信任，树立良好的社会形象，推动企业实现可持续发展目标。这不仅有助于企业自身的发展，也为社会的绿色发展和环境保护作出积极贡献。

第四章　企业社会责任信息披露

第一节　企业社会责任信息披露的基本理论

企业社会责任信息披露的基本理论为企业在社会责任信息披露过程中提供了理论指导和实践框架。通过了解这些基本理论，企业能够更系统地规划和实施其社会责任信息披露，提高透明度和社会认可度。以下是企业社会责任信息披露的主要理论。

一、利益相关者理论

利益相关者理论认为，企业不仅对股东负责，还应对所有利益相关者负责，包括员工、客户、供应商、社区、政府、环境等。根据该理论，企业的社会责任信息披露应覆盖所有利益相关者的需求，反映企业在经济、社会和环境方面的综合绩效。

（一）多元利益相关者的责任

1. 员工

企业对员工的责任不仅体现在薪资和福利上，还包括职业发展、安全健康、工作环境等方面。信息披露应包括员工培训与发展计划、职业健康安全措施、员工满意度调查等内容。

2. 客户

对客户的责任主要体现在产品质量、客户服务、信息安全等方面。企业应披露产品合格率、客户投诉处理机制、信息安全保障措施等信息。

3. 供应商

企业与供应商的关系不仅是商业交易，还包括供应链管理和可持续发展。信息披露应包括供应商选择标准、供应链环境管理、合作伙伴关系等内容。

4. 社区

企业对社区的责任体现在社会公益、社区发展、环境保护等方面。企业应披露公益项目投入、社区发展支持、环境保护措施等信息。

5. 政府

企业应遵守法律法规，履行纳税义务，并积极配合政府政策。信息披露应包括合规经营情况、纳税信息、政府合作项目等内容。

6. 环境

企业对环境的责任包括减少污染、节能减排、资源循环利用等。信息披露应包括环境管理体系、碳排放数据、环保项目等内容。

（二）利益相关者需求的全面覆盖

根据利益相关者理论，企业的社会责任信息披露应覆盖所有利益相关者的需求，反映企业在经济、社会和环境方面的综合绩效。这意味着企业需要考虑不同利益相关者的期望和要求，提供全面、透明的信息。

1. 全面的信息披露

企业应确保信息披露的全面性，涵盖经济、社会和环境三大领域的综合绩效。例如，披露企业的财务表现、社会公益项目、环境保护措施等信息。

2. 透明的信息披露

信息透明性是企业赢得利益相关者信任的关键。企业应确保信息披露的透明性，包括信息的真实性、完整性和及时性。例如，披露环境管理措施的实施情况和实际效果。

利益相关者理论强调企业在信息披露中应充分考虑不同利益相关者的期望和要求，提供全面、透明的信息。企业不仅要对股东负责，还应对员工、客户、供应商、社区、政府和环境等所有利益相关者负责。这要求企业在信息披露中，涵盖经济、社会和环境三大领域的综合绩效，确保信息的真实性、完整性和及时性。通过全面、透明的信息披露，企业可以展示其社会责任和可持续发展的承诺，增强与利益相关者的信任和合作，推动企业的长期健康发展。

二、合法性理论

合法性理论强调企业需要获得社会的合法性，即社会的认可和接受。根据该理论，企业通过社会责任信息披露，向社会展示其在经济、社会和环境方面的行为和成就，以争取社会的信任和支持。合法性理论认为，企业的社会责任信息披露可以增强企业的社会信誉，减少社会和监管压力，确保企业的可持续发展。

（一）合法性的重要性

1. 社会认可和接受

企业的合法性来源于社会对其行为和存在的认可和接受。这种认可不仅来自企业的股东和客户，还包括员工、社区、政府、非政府组织（NGOs）、环境等多方面的利益相关者。

2. 社会信誉的提升

通过披露社会责任信息，企业可以展示其在履行社会责任方面的努力和成就，增强其社会信誉。高信誉度的企业更容易获得客户的信任、投资者的青睐和员工的忠诚。

3. 减少社会监管压力

透明的社会责任信息披露可以减少社会和监管机构对企业的压力。企业通过主动披露环境保护、社会公益等信息，表明其自律和合规，从而减少外部的监督和干预。

4. 确保企业的可持续发展

合法性是企业可持续发展的基础。获得社会认可的企业能够在市场竞争中获得更多的支持和资源，实现长期的健康发展。

（二）合法性理论在信息披露中的应用

1. 展示企业行为和成就

合法性理论强调企业通过社会责任信息披露，展示其在经济、社会和环境方面的行为和成就。企业可以通过年度报告、可持续发展报告、环境报告等形式，全面展示其在履行社会责任方面的努力和成果。

2. 争取社会信任和支持

通过透明的信息披露，企业可以争取社会的信任和支持。信息披露应包括真实、全面、及时的内容，确保利益相关者能够了解企业的实际情况和发展方向。

3. 增强社会信誉

企业通过社会责任信息披露，可以增强其社会信誉。高信誉度的企业在市场竞争中具有更强的优势，能够吸引更多的客户、投资者和人才。

4. 减少外部压力

透明的信息披露可以减少来自社会和监管机构的压力。企业通过主动披露环境、社会和治理（ESG）信息，表明其自律和合规，减少外部监督和干预的必要。

合法性理论强调企业需要获得社会的合法性，即社会的认可和接受。企业通过社会责任信息披露，向社会展示其在经济、社会和环境方面的行为和成就，以争取社会的信任和支持。合法性理论认为，企业的社会责任信息披露可以增强企业的社会信誉，减少社会和监管压力，确保企业的可持续发展。通过透明、全面的信息披露，企业可以展示其社会责任和可持续发展的承诺，增强与利益相关者的信任和合作，推动企业的长期健康发展。

三、信号理论

信号理论认为，在信息不对称的情况下，企业可以通过社会责任信息披露向外界传递积极信号，展示其在社会责任方面的努力和成就。通过披露高质量的社会责任信息，企业可以向投资者、客户和其他利益相关者传递其管理水平和竞争优势，提高企业的市场价值和品牌声誉。

（一）信息不对称与信号传递

1. 信息不对称的背景

在市场中，企业的内部信息通常不为外界所知，导致信息不对称。投资者、客户和其他利益相关者难以全面了解企业的实际运营情况和社会责任履行情况。

2. 信号理论的核心

信号理论认为，企业可以通过公开披露高质量的信息，向外界传递积极信号，减少信息不对称。高质量的社会责任信息披露可以展示企业的管理水平、责任意识和竞争优势。

（二）社会责任信息披露的作用

1. 传递管理水平

高质量的社会责任信息披露可以展示企业在管理方面的卓越表现。信息披露的内容包括环境管理体系、社会责任战略、治理结构等，体现企业的管理能力和责任意识。

2. 展示竞争优势

企业通过社会责任信息披露，可以展示其在市场中的竞争优势。例如，企业在环保创新、社会公益和员工发展方面的突出表现，都是其独特的竞争优势。

3. 提升市场价值

投资者越来越关注企业的社会责任表现。高质量的社会责任信息披露可以吸引更多的社会责任投资者，提升企业的市场价值。

4. 增强品牌声誉

社会责任信息披露可以提升企业的品牌声誉。消费者更倾向于选择那些积极履行社会责任的企业的产品和服务。

信号理论认为，在信息不对称的情况下，企业可以通过社会责任信息披露向外界传递积极信号，展示其在社会责任方面的努力和成就。通过披露高质量的社会责任信息，企业可以向投资者、客户和其他利益相关者传递其管理水平和竞争优势，提高企业的市场价值和品牌声誉。高质量的社会责任信息披露不仅有助于减少信息不对称，增强利益相关者的信任和支持，还能为企业带来更大的市场认可和长期发展机遇。

四、信息不对称理论

信息不对称理论指出，企业内部信息和外部利益相关者获取的信息之间存在差异。通过社会责任信息披露，企业可以减少信息不对称，提供更透明、全面的信息，使利益相关者能够更准确地评估企业的社会责任表现和可持续发展能力。信息不对称理论强调信息披露的重要性和必要性，以提高企业透明度。

（一）信息不对称的背景与挑战

1. 信息不对称的背景

信息不对称是指企业内部掌握的详细运营数据和战略信息，与外部利益相关者（如投资者、客户、监管机构等）所能获取的信息之间存在的差异。这种差异使外部利益相关者难以全面了解企业的真实情况。

2. 信息不对称带来的挑战

信息不对称会导致利益相关者无法准确评估企业的实际表现和潜在风险，从而影响其决策。例如，投资者可能因缺乏透明的信息而低估企业的价值，消费者可能因不了解企业的社会责任措施而选择竞争对手的产品。

（二）社会责任信息披露的作用

1. 减少信息不对称

通过披露社会责任信息，企业可以减少内部和外部信息之间的差异，使利益相关者能够获得更多关于企业社会责任和可持续发展方面的信息。这有助于利益相关者更准确地评估企业的表现和潜在风险。

2. 提高企业透明度

信息披露不仅有助于减少信息不对称，还能提高企业的透明度。透明的信息披露可以增强企业的公信力，使利益相关者对企业的信任度提高。

（三）信息披露的具体内容

1. 环境政策和目标

企业应详细披露其环境政策、管理体系和具体的环境目标及其达成情况。例如，一家科技公司可以公开其在减少碳足迹和资源消耗方面的长期目标和年度进展。

2. 环境绩效指标

披露具体的环境绩效指标，如能源使用情况、废弃物管理、污染物排放等，有助于利益相关者评估企业的环境管理水平和实际绩效。

3. 社会责任项目

企业应披露其在社会公益、员工发展、社区支持等方面的项目和成就。例如，一家零售企业可以详细介绍其在员工培训、社区援助和消费者权益保护方面的举措和成果。

4. 风险评估和应对措施

企业应披露其在环境风险评估和应对方面的策略和措施，使利益相关者了解企业如何管理和减轻环境风险。

（四）信息不对称理论在信息披露中的应用

1. 增强信息透明度

信息不对称理论强调通过高质量的信息披露来增强企业的透明度，减少内部和外部信息差异，使利益相关者能够更准确地评估企业的实际表现和潜在风险。

2. 提高利益相关者信任

透明的信息披露有助于提高利益相关者的信任度，使企业在市场竞争中获得更多的支持和认可。

3. 促进企业可持续发展

通过减少信息不对称，企业可以获得更多的社会认可和支持，促进其长期可持续发展。

信息不对称理论指出，企业内部信息和外部利益相关者获取的信息之间存在差异。通过社会责任信息披露，企业可以减少信息不对称，提供更透明、全面的信息，使利益相关者能够更准确地评估企业的社会责任表现和可持续发展能力。信息不对称理论强调信息披露的重要性和必要性，以提高企业透明度。高质量的信息披露不仅能够减少信息不对称，增强利益相关者的信任，还能提高企业的市场价值和品牌声誉，促进企业的可持续发展。

五、利益冲突理论

利益冲突理论关注企业内部和外部不同利益群体之间的利益冲突。通过社会责任信息披露，企业可以调和不同利益群体之间的冲突，提供透明的信息，建立信任关系。该理论认为，信息披露有助于企业在利益冲突中寻求平衡，提升企业的社会责任感和公共形象。

（一）利益冲突的背景与挑战

1. 利益冲突的背景

企业内部和外部存在着多个利益群体，如股东、员工、客户、供应商、社区、政府和环境组织等。不同利益群体的需求和期望往往不同，甚至相互冲突。例如，股东可能关注企业的财务回报，而社区和环境组织则关注企业的环境保护和社会责任履行。

2. 利益冲突带来的挑战

利益冲突会导致企业在决策和运营中面临多重压力和复杂局面。如果企业不能有效调和这些冲突，可能会损害其公共形象和社会责任感，甚至影响其长期发展。

（二）社会责任信息披露的作用

1. 调和不同利益群体的冲突

通过社会责任信息披露，企业可以提供透明、全面的信息，向各利益群体展示其在调和不同利益需求方面的努力和成效。透明的信息披露有助于缓解利益冲突，建立信任关系。

2. 提升企业的社会责任感

信息披露可以展示企业在履行社会责任方面的具体行动和成就，增强企业的社会责任感和公共形象。利益相关者可以通过公开披露的信息，更加了解企业的社会责任策略和实际效果。

（三）信息披露的具体内容

1. 环境管理措施

企业应详细披露其环境管理政策、目标和具体措施，向外界展示其在环境保护方面的努力。例如，一家能源公司可以公开其在减少碳排放、推广可再生能源和提高资源利用效率方面的具体举措。

2. 员工福利政策

披露具体的员工福利政策和措施，如薪酬待遇、培训发展、健康保障等，展示企业对员工的关怀和支持，缓解企业与员工之间的利益冲突。

3. 社区支持项目

企业应披露其在社区支持和社会公益方面的项目和成就，如社区建设、教育支持和公益活动，向社区居民和社会展示其社会责任履行情况。

4. 利益相关者互动

企业应公开其与各利益相关者的互动情况，如定期沟通、反馈机制和合作项目，展示其在调和不同利益群体需求方面的具体行动。

（四）利益冲突理论在信息披露中的应用

1. 增强信息透明度

利益冲突理论强调通过透明的信息披露，调和不同利益群体之间的冲突，建立信任关系，提升企业的社会责任感和公共形象。

2. 提高利益相关者信任

透明的信息披露有助于增强利益相关者的信任度，使企业在面对多重利益需求时能够更有效地平衡和调和。

3. 促进企业可持续发展

通过调和利益冲突，企业可以获得更多的社会认可和支持，促进其长期可持续发展。

利益冲突理论关注企业内部和外部不同利益群体之间的利益冲突。通过社会责任信息披露，企业可以调和不同利益群体之间的冲突，提供透明的信息，建立信任关系。该理论认为，信息披露有助于企业在利益冲突中寻求平衡，提升企业的社会责任感和公共形象。高质量的信息披露不仅能够调和利益冲突，增强利益相关者的信任，还能够提高企业的市场价值和品牌声誉，促进企业的可持续发展。

六、可持续发展理论

可持续发展理论强调经济、社会和环境三方面的平衡发展。企业在社会责任信息披露中，应全面反映其在经济效益、社会贡献和环境保护方面的综合表现。根据可持续发展理论，企业应制定长期的可持续发展战略，通过信息披露展示其可持续发展目标和行动，推动社会整体的可持续发展。

（一）可持续发展的背景与挑战

1. 可持续发展的背景

可持续发展起源于对资源有限性和环境承载力的认识，强调在满足当前需求的同时，不损害未来满足子孙需求的能力。这一理念要求企业不仅关注经济效益，还要兼顾社会责任和环境保护，实现长远的可持续发展。

2. 可持续发展带来的挑战

实现可持续发展需要企业在经济、社会和环境三个方面找到平衡点，这不仅要求企业在经营策略上作出调整，还需要在企业文化、管理体系和运营模式上进行深度变革。

（二）社会责任信息披露的作用

1. 全面反映企业综合表现

通过社会责任信息披露，企业可以全面展示其在经济效益、社会贡献和环境保护方面的综合表现。这种全面的信息披露不仅有助于利益相关者全面了解企业的可持续发展，还能增强企业的透明度和公信力。

2. 展示可持续发展目标和行动

企业应通过信息披露，展示其可持续发展目标和具体行动计划，使利益相关者了解企业在实现可持续发展方面的长期战略和实际进展。

（三）信息披露的具体内容

1. 经济效益

企业应详细披露其财务表现和经济贡献，如营业收入、利润增长、纳税情况和股东回报等，向利益相关者展示其经济实力和发展潜力。

2. 社会贡献

企业应披露其在社会责任履行方面的具体行动和成就，如员工福利、社区支持、教育资助和公益活动等，展示其对社会的贡献。

3. 环境保护

企业应披露其环境管理政策、环境绩效指标和具体的环境保护措施，如节能减排、污染控制、资源循环利用和生物多样性保护等。

（四）可持续发展理论在信息披露中的应用

1. 增强信息透明度

可持续发展理论强调通过高质量的信息披露，全面展示企业在经济、社会和环境三个方面的综合表现，增强信息透明度，提升企业的公信力和透明度。

2. 提高利益相关者信任

透明的信息披露有助于提高利益相关者的信任度，使企业在市场竞争中获得更多的支持和认可，推动企业长期可持续发展。

3. 促进企业可持续发展

通过展示可持续发展目标和具体行动，企业可以获得更多的社会认可和支持，促进其长期可持续发展，实现经济效益、社会贡献和环境保护的平衡发展。

可持续发展理论强调经济、社会和环境三方面的平衡发展。企业在社会责任信息披露中，应全面反映其在经济效益、社会贡献和环境保护方面的综合表现。根据可持续发展理论，企业应制定长期的可持续发展战略，通过信息披露展示其可持续发展目标和行动，推动社会整体的可持续发展。高质量的信息披露不仅能够全面展示企业的综合表现，增强利益相关者的信任，还能够提高企业的市场价值和品牌声誉，促进企业的可持续发展。

七、责任会计理论

责任会计理论关注企业在社会责任管理和信息披露中的责任划分和绩效评估。企业通过责任会计体系，可以量化和报告其在社会责任方面的投入和成果。责任会计理论认为，信息披露应包括社会责任目标、责任分工、绩效指标、评估结果等内容，以提供全面、客观的社会责任信息。

（一）责任会计理论的背景与重要性

1. 责任会计理论的背景

责任会计理论起源于企业对社会责任的日益重视，旨在通过明确责任划分和量化绩效，提高企业的社会责任管理水平。随着利益相关者对企业社会责任要求的增加，责任会计理论在企业管理中发挥着越来越重要的作用。

2. 责任会计的重要性

责任会计能够帮助企业明确各部门和个人在社会责任管理中的职责，确保社会责任目标的实现。通过量化社会责任投入和成果，企业可以更清晰地了解其在社会责任方面的表现，提高信息披露的透明度和可信度。

3. 社会责任信息披露的内容

(1) 社会责任目标

企业应在信息披露中明确其社会责任目标，展示其在经济、社会和环境方面的具体承诺和长期愿景。这有助于利益相关者了解企业的战略方向和社会责任承诺。

(2) 责任分工

信息披露应包括企业内部各部门和人员在社会责任管理中的具体职责，确保责任的明确和落实。这有助于提高企业社会责任管理的效率和效果。

(3) 绩效指标

企业应披露其社会责任绩效指标，量化其在社会责任方面的具体表现。这些指标可以包括环保投入、员工满意度、社区投资等，提供客观的评价依据。

(4) 评估结果

企业应披露社会责任绩效评估结果，展示其在实现社会责任目标方面的实际成效。评估结果可以通过第三方审计或内部审查，确保信息的客观性和可信度。

(二) 信息披露的具体实施

1. 制定社会责任目标

企业应首先制定明确的社会责任目标，确保其符合企业战略和利益相关者期望。这些目标应具有可操作性和可衡量性，便于后续的绩效评估和信息披露。

2. 明确责任分工

企业应在内部明确各部门和人员的社会责任职责，确保责任的落实和管理。通过建立清晰的责任分工体系，企业可以有效提高社会责任管理的效率和效果。

3. 量化绩效指标

企业应建立量化的社会责任绩效指标，确保其能够全面反映企业在社会责任方面的具体表现。这些指标应涵盖经济、社会和环境三个方面，提供全面的评价依据。

4. 定期评估和披露

企业应定期进行社会责任绩效评估，通过内部审查或第三方审计，确保信息的客观性和可信度。评估结果应通过年度报告、可持续发展报告等形式向利益相关者披露。

(三) 责任会计理论的应用与展望

1. 提高信息透明度

责任会计理论强调通过明确责任划分和量化绩效，提高社会责任信息披露的透明度和可信度。这有助于企业获得利益相关者的信任和支持，提升其市场竞争力和品牌形象。

2. 推动企业可持续发展

通过实施责任会计体系，企业可以更有效地管理和评估其社会责任表现，推动可持续发展目标的实现。这不仅有助于企业自身的发展，也对社会整体的可持续发展具有重要意义。

3. 增强企业社会责任感

责任会计理论强调企业在社会责任管理中的责任划分和绩效评估，有助于增强企业的社会责任感和公共形象。通过高质量的信息披露，企业可以展示其在社会责任方面的承诺和成就，提高其社会信誉和公众认可度。

责任会计理论关注企业在社会责任管理和信息披露中的责任划分和绩效评估。企业通过责任会计体系，可以量化和报告其在社会责任方面的投入和成果。信息披露应包括社会责任目标、责任分工、绩效指标、评估结果等内容，以提供全面、客观的社会责任信息。高质量的责任会计体系不仅能够提高企业的社会责任管理水平，还能增强信息披露的透明度和可信度，推动企业可持续发展。

八、利益共生理论

利益共生理论强调企业与社会、环境之间的共生关系。根据该理论，企业在追求经济利益的同时，应同时考虑社会和环境的利益，通过社会责任信息披露展示其在共生关系中的贡献和努力。信息披露不仅能够增强企业与社会和环境的信任关系，还能促进企业的长期可持续发展。

（一）利益共生理论的核心理念

1. 共生关系

利益共生理论认为，企业与社会和环境是相互依存的，共同构成一个复杂的生态系统。企业在发展过程中，不仅要考虑自身的经济利益，还要关注其对社会和环境的影响。通过建立共生关系，企业可以实现更为全面的发展。

2. 多方利益协调

利益共生理论强调企业在决策过程中需要平衡各方利益，包括股东、员工、客户、供应商、社区和环境等。通过协调多方利益，企业可以在实现经济目标的同时，促进社会和环境的可持续发展。

（二）社会责任信息披露的作用

1. 增强透明度与信任

信息披露是企业与利益相关者沟通的桥梁，通过透明、翔实的社会责任信息披露，企业可以展示其在社会和环境方面的贡献，增强利益相关者的信任。

2. 促进企业可持续发展

通过披露社会责任信息，企业可以展示其在经济、社会和环境三个方面的综合表现，强化其在可持续发展中的地位。这不仅有助于提升企业的社会形象，还能吸引更多关注可持续发展的投资者和客户。

3. 建立共生共赢的关系

利益共生理论认为，通过社会责任信息披露，企业可以展示其与社会和环境的共生关系，促进多方共赢。这不仅有助于企业树立良好的社会形象，还能推动社会和环境的整体进步。

（三）社会责任信息披露的具体实践

1. 披露环境管理措施

企业应详细披露其在环境保护方面的管理措施和成效，包括资源利用、污染防治、环保投资等。通过展示这些信息，企业可以体现其对环境保护的承诺和贡献。

2. 披露社会贡献

企业应披露其在社会责任方面的具体贡献，包括社区发展、员工福利、客户满意度、供应链管理等。通过这些信息，企业可以展示其对社会的积极影响。

3. 披露经济绩效与可持续发展

企业应在信息披露中综合展示其经济绩效与可持续发展策略，确保信息的全面性和关联性。这有助于利益相关者全面了解企业的整体表现和发展方向。

通过理解和应用这些基本理论，企业可以更好地规划和实施其社会责任信息披露，提升信息的全面性、透明性和可信度。企业应在信息披露过程中，充分考虑不同理论的指导，提供高质量的社会责任信息，增强利益相关者的信任和支持，推动企业实现可持续发展目标。

第二节　我国企业社会责任实现机制

我国企业社会责任的实现机制涵盖多个方面，其中政府在法律法规、指导性文件和政策措施等层面发挥着重要作用。首先，政府通过立法制定了一系列法律法规，如公司法、劳动法等，明确规定了企业在劳工权益、环境保护、消费者权益等方面的责任和义务。这些法律法规为企业的社会责任行为提供了法律依据和规范。其次，政府发布了一系列指导性文件和标准，如《企业社会责任指南》《企业社会责任报告指引》等，为企业提供了具体的操作指南和标准要求。这些文件和标准对企业在社会责任履行方面提出了明确的要求，帮助企业规范管理、提高透明度，并鼓励企业积极履行社会责任。最后，政府还通过税收政策、财政扶持等手段鼓励企业履行社会责任。例如，对符合一定条件的环保、节能、绿色生产项目给予税收优惠或财政补贴，以激励企业投入到环保和社会责任领域。我国政府通过法律法规、指导性文件和政策措施等多种手段，对企业社会责任进行规范和引导，为企业的社会责任行为提供了政策支持和法律保障，推动了企业社会责任的实现和发展。

在企业层面，越来越多的企业将社会责任视为企业发展的重要组成部分，并将其纳入企业战略规划中。企业在实现社会责任方面采取了多种举措，包括建立健全企业社会责任管理体系、推动绿色生产和可持续发展、开展公益慈善活动、关注员工福利、加强环境保护等。此外，一些企业还积极参与行业协会和社会组织，共同推动行业的社会责任实践。企业通过这些举措，不仅提升了自身形象和品牌价值，还为社会可持续发展作出了积极贡献，实现了经济效益和社会效益的双赢。

同时，社会各界也在推动企业社会责任的实现。媒体、消费者等都在关注企业的社会行为，通过舆论监督、公开评价等方式促使企业更加积极地履行社会责任。这种外部压力和监督机制，迫使企业在经营决策和行为上更加注重社会影响和可持续性发展。除此之外，国际合作和跨国公司的参与也对我国企业社会责任的实现产生了积极影响。跨国公司通常将其在全球范围内的社会责任标准和最佳实践引入中国市场，这促使中国企业更加认真地对待社会责任，并逐步提升其在全球价值链中的竞争力。

总的来说，我国企业社会责任的实现机制是一个多方共同参与、相互促进的过程。政府、企业、社会各界共同发挥作用，通过法律法规、行业标准、舆论监督等方式，推动企业向着更加社会化、可持续的发展方向迈进。这种多元参与的模式不仅促进了企业的社会责任意识和行动，也为我国社会的可持续发展提供了重要支持。

第三节　我国企业社会责任信息披露机制的构建

当前，全球经济飞速发展，同时，企业与消费者、资本与社会公众之间的矛盾日益突出，而企业社会责任的概念就是为了解决这一矛盾而提出的。企业在经营管理过程中要摆正企业与社会之间的关系，除了关注自身经营和财务状况外，也要将对自然环境和社会公众造成的影响纳入经营战略中来，对自己的营利行为进行适度约束，肩负起更多的社会责任。因此，从某种角度而言，企业社会责任的履行体现了可持续发展的经营理念，越来越引起企业内外的重视，而社会责任信息披露也日益成为社会公众关注的焦点。区别于传统的财务信息披露，社会责任信息披露也存在较多问题。在信息爆炸式增长的今天，对数据的搜索和挖掘日益成为学术界的研究热点。准确、快速地从数据库中获取所需信息，成为当前知识经济时代的必备能力，大数据时代的到来使得社会责任相关信息的全方位掌控成为可能。通过构建大数据条件下的社会责任信息披露平台，利益相关方等信息使用者可以及时从数据库中搜索到所需数据资料，进而提升企业在社会责任方面的决策能力。

一、基于大数据的企业社会责任信息披露平台设计

（一）信息披露平台整体构架和设计原则

在大数据环境下，为了实现有关社会责任各种数据资源的信息整合以及信息使用效率的提高，现设计社会责任信息披露平台，打破信息孤岛，以调整社会责任相关信息的资源结构，为信息使用者提供一个兼具研究、检索和分析功能的社会责任数据中心。

1. 整体架构

从总体架构而言，该数据中心可以分为资源层、应用层和服务层三个部分。资源层兼具动态开放性和扩张延展性，由大量服务器组合而成，发挥着信息辨析和整合的作用，是社会责任信息披露平台的基础。应用层是社会责任数据中心的主体，又称为操作层，收集、存储和分析社会责任相关数据资料，同时提供个性化的数据分析服务，从而实现披露信息和经验的融通共享。服务层以网站或者软件的形式呈现，是与信息使用者距离最近的部分，是该平台实现其数据共享目的的最终载体和表现形式。

2. 设计原则

社会责任信息披露平台的设计要遵循以下原则：一是网络化原则。通过网络把所有披露企业信息的网站联系起来，同时整合在不同区域分布的数据信息，实现披露信息资源共享的网络化，帮助投资者利用互联网及时获取有效信息作出合理决策。二是数字化原则。与当前社会责任信息系统对经济、环境责任相关信息的量化处理不同，大数据平台通过对社会责任大数据的实时采集和传递，实现信息使用者对数据信息的准确把握。三是智能化原则。智能化指的是人机交互或者计算机程序化处理的方式，信息技术的发展使得计算机对数据的存储和处理能力大幅提升，完全可以满足大数据平台构建的技术要求。

（二）与 Hadoop 相结合的平台设计

1. 社会责任信息披露平台应用大数据的具体工作流程

在社会责任信息披露平台的运作过程中，信息使用者从数据库中调取所需要的数据资料，现对其工作流程作具体描述：一是以该信息披露平台应有的数据存储量为基础，在相应控制节点连接各个虚拟机，建立一个虚拟计算机集群，从而为平台社会责任相关数据的运行提供资源支撑。二是在 Hadoop 环境下，结合平台运行数据的类别，将社会责任相关数据的应用镜像在虚拟计算机集群中装载，使该计算机集群能够实现信息披露功能。三是物理集群处于该信息披露平台的最底层，承担社会责任相关信息的输出等具体操作性职能。

2. Hadoop 在社会责任信息披露平台中的应用

一是 HDFS 存储文件的调取。HDFS 为后期的计算分析提供海量存储数据和数据冗余，是多个计算机管理网络之间的存储系统。社会责任数据平台将需要披露的社会责任相关数

据信息以 HTTP 的方式上传到客户端，同时收集大量历史性数据信息。HDFS 对社会责任信息相关文件进行自动接收、调用和存储，并对其实时更新和记录。信息使用者产生信息需求的情况下，平台自身会启动并取出相应的数据文件，并传达给平台客户端。

二是 Map-Reduce 算法的运用。Map-Reduce 是“分而治之”思想主导下的计算模型，通过分布式计算方法，将计算任务进行有效划分，实现了海量数据集的高效处理，在社会责任大数据平台的构建中发挥核心作用。

（三）平台应用层模块设计

对于平台构建而言，信息的搜集、存储和分析无疑是最为重要的三个环节。现以模块的形式对其进行详细说明。

1. 信息搜集模块

基于 Hadoop 的社会责任信息披露平台通过相关数据信息的实时收集和汇总，形成相应的可供平台使用者查询的社会责任数据库，现对社会责任信息搜集工作流程作简要描述。从各种外部网站、传媒介质以及企业内部社会责任报告中，搜集整理社会责任相关数据信息，并对其进行格式化处理。其中，数据的获取是依靠数据传感、智能识别，以及网络通信系统，对各种数据信息的跟踪、识别、定位以及信号转换等环节实现的。同时，这些数据信息既包含第三方鉴证的社会责任信息，也包含企业自身主动对外披露的相关信息。为了保证社会责任信息的质量，该模块的设计必须能够实现对社会责任信息关键要素的严格区分，尤其要重点区分经济责任、人员责任和环境责任等。

2. 信息存储模块

社会责任信息披露平台数据库按照存储种类的不同，可以分为方法库、模型库和知识库。方法库指的是为社会责任相关数据的处理和分析提供方法的工具。模型库指的是社会责任信息披露平台开发商所设计的模型算法，为平台运行提供技术支持。知识库指的是各种方法、经验总结以及经营成果等知识的总和。现对其具体工作流程如下：运用具有高安全特征的加密模型计算方法，对所存储数据进行加密处理，尤其是社会责任信息关键字段，从而实现企业社会责任披露信息在平台存储服务器中的记录和长期保存。通过加密处理后的存储信息是无法被非法者或非授权者解读的，解密则与加密相对，是社会责任相关数据信息的输出过程。另外，在密钥管理中，密钥作为一种读取、验证、修改相关保护数据的保密代码或数字，与各种加密技术和算法一起对社会责任披露数据实施保护。通过密钥管理、数据加解密、密文检索等一系列流程的运作，该模块实现了对社会责任披露数据的有效处理。

3. 信息分析模块

数据分析功能在社会责任信息披露平台服务模块中占据核心地位，在平台构建中运用 Hadoop 对各种类型的信息进行多维度数据分析。综合整理案例公司的环境责任和人员责任等各种披露信息，并对其进行分类汇总，同时深入分析和挖掘在分布式数据库中存储的大数据，得出满足平台使用者信息需求的分析结果，后传输到平台服务端，并在相应界面上进行实时呈现。其中，Map-Reduce 技术的应用，为该模块数据分析和整合功能的实现发挥了至关重要的作用。在该技术下，平台可以按照不同部门，将收集到的社会责任相关数据划分成不同的任务区间，并由多个系统对各个任务区间进行有针对性的数据处理，然后将每个系统的处理结果统一输出并汇总。

具体的数据分析方法有两种：一是预测性数据分析，运用特定的线性模型，对将来一段时期内目标企业社会责任履行情况进行初步判断和预测分析。二是描述性数据分析，运用决策树、概念抽样等方法，对社会责任相关数据的平均值、标准差以及最大值或最小值进行相关性检验和分析。同时，采用一定的检索技术，对媒体的相关报道以及企业社会责任行为报告等数据信息进行模糊查询和综合分析。

二、基于大数据的企业社会责任平台的保障措施

（一）社会责任大数据平台层面的保障措施

1. 对社会责任信息披露平台构建经费进行有效规划

当前，互联网行业发展迅猛，“大数据”越来越炙手可热，它作为一种重要的战略资产，逐渐向各个行业领域和部门渗透，在助力企业经营活动的同时，也改变着经济社会的管理面貌。从海量数据库中随时能够挖掘有价值的部分，使得用户更便捷地获取信息，已成为公众讨论的热点。大数据未来较好的发展前景使得与之相关行业的投融资更为便利，从这一角度而言，大数据平台构建所必需的资金来源相对充足。但是，考虑到资源的有限性和稀缺性，在构建过程中，必须对平台构建所需资金、时间和精力等各种因素进行全盘考虑，并作出合理规划，实现资源的合理配置。首先，对平台构建进行详细的可行性分析和研究，确定平台构建的优先级和先后顺序，并以此为依据将信息披露平台的构建和应用推广工作逐渐扩展开来。其次，提高精细化资源配置水平，有效地降低各种人力物力成本，合理计划社会责任信息披露平台的构建经费，最大化地避免经费的浪费，同时，在构建基金筹集方面，努力加大对外融资力度，尤其可以向政府寻求政策方面的保护和支持，确保平台建设顺利进行。

2. 为社会责任信息披露平台构建提供技术保障

一是编程者和开发商方面的技术保障。与传统数据库 IT 服务系统不同，在社会责任信息披露平台的构建中所应用的 Hadoop 软件存在更多的应用限制。比如，不同服务商都有着相对独立的编程代码，不能通用，这是大数据平台开发和设计的一个难点。为了解决数据库间的 API 兼容问题，在大数据平台的访问层，可以对 JPA 技术框架进行有效扩展，避免对单一 JPA 工具的过分依赖，以实现不同数据库间的互联互通。

二是确保服务商对信息披露平台的日常管理。受共享设备、人工和工作负载等限制性

因素的影响，社会责任大数据平台的日常管理工作至关重要。为了在短期内高效完成大数据条件下社会责任信息披露的构建，要做到以下两点：一方面，充分利用现有资源信息，可以从社会责任报告网、金蜜蜂、巨潮网等信息披露网站上，收集与社会责任行为披露相关的数据资料，并对其加以汇总整理和分析；另一方面，拓宽信息获取渠道，有效降低平台构建成本，提高工作效率。

三是保证信息披露平台的数据安全。对于企业而言，数据日益代替人才成为企业的核心竞争力，在业务流程的优化和运营中起到有效的指导作用。对于信息使用者而言，数据的获取和分析也成为其制定投资策略的重要依据。大规模数据信息量所带来的信息安全防护问题已然成为大数据时代的特点，也是其工作重点。社会责任信息披露平台的构建工作务必要把信息安全放在首位，谨防数据泄露对企业带来实际利益的损害。首先，面对集群数据库的安全威胁，要努力促进海量数据的结构化和标准化，便于数据的分类和处理，从而有效识别非法入侵数据，提高数据安全系统的处理效率，确保数据安全。其次，全面提高平台维护管理人员的技术水平，增强平台使用者的安全意识，对信息安全管理系统进行有序规划，在网络层面加强数据辨别的智能化，杜绝异常数据的运行，同时避免系统资源和用户信息被窃取和破坏，切实保障社会责任信息披露平台数据的有用性和可靠性。

3. 完善信息披露平台的运行保障机制

社会责任信息披露平台是在大数据条件下由不同资源和要素有机构成的统一整体，同时其影响因素不断发生动态变化。因此，要想满足在大数据条件下社会责任信息披露的基本要求，必须对运行保障机制加以协调和完善。首先，该平台在构建过程中要提高网络计算和存储方面的能力配置水平，实现信息使用者数据搜索需求最大化，并满足信息搜索服务需求的动态实时性。其次，全方位增强该数据平台的升级和数据扩展能力，保障各个功能模块的互相配合和协作。最后，运行机制务必要兼具前瞻性、灵活性和全面性，确保社会责任信息披露资源在种类和数量上均能实现全面覆盖，充分满足信息披露服务的集成化需求。

（二）平台使用者决策层面的保障措施

1. 大数据管理工具的利用和开发

如今，随着大数据时代的来临，信息感知无处不在。社会责任信息披露平台的构建和应用，将会使得信息使用者在短时间内迅速获得数量巨大、种类繁杂的数据信息，同时，海量数据的处理速度较快，数据时效性特征较为明显。这不仅对人类的数据驾驭能力提出了一定要求，也对平台使用者利用数据进行合理决策的过程产生了较大影响。信息的时效性特征引发的一个突出问题就是，平台使用者的决策流程被迫加快，盲目决策导致的决策混乱现象在决策制定过程中时有发生，影响了平台使用者的决策效率，进而使得信息披露平台的应用失去了应有的意义。因此，为了实现数据的高效利用，很重要的一点就是，要做好大数据管理工具的收集和开发工作，运用特定工具对包括来源于网络云端和企业自身的各种数据资源进行有效管理。一方面，信息使用者在信息管理系统中对企业内部数据资料进行汇总和整理，提高了社会责任披露数据的利用率，从而使得信息使用者的决策制定更具有针对性和准确性，对于企业经济效益的提高必然是大为有利的；另一方面，平台使用者也可以在数据管理工具的开发上下功夫，从多样化的开发方式中作出最优选择，开发出具有最佳资源匹配度的大数据管理工具，从而满足自身对数据的个性化需求。

2. 建立并运用有效的决策机制

当前，技术型人才的缺乏是社会责任大数据平台开发和应用的重要阻碍。同时，平台使用者信息化素质的欠缺，使得他们对平台所收集的与社会责任相关的数据信息，缺乏整体认知和具体决策能力。对于信息使用者所在机构而言，其决策机制指的是对特定问题作出相应选择和决定，通常分为决策主体的确立和决策组织的建立两个层次。

一是确立决策主体。不同的决策问题对应着不同的决策主体，故而决策主体具有种类多样化的特征。相较于数据分析，基于主观判断所作决策效果更为明显。然而，不可忽视的是，由于主观因素受外部影响较大，信息使用者若仅仅参考不够完整的社会责任相关信息或是借鉴以往经验来制定决策，必然会导致决策效果的大幅波动。而在大数据条件下，信息使用者通过平台可以获取大量有用信息，对其进行深入挖掘和分析，并根据一定的逻辑顺序作出有较强说服力的决策和建议。

二是建立决策组织。社会责任大数据平台使用者要想充分利用好大数据资源，就需要建立一个有效的决策组织，现将其分为三个层次：①数据分析层，负责高效收集、整理大量的社会责任相关数据，并进行深入的数据挖掘和分析，为正确的决策制定奠定数据基础。②决策咨询层，由专业人士负责不同类型决策问题的咨询和解决，弥补决策者信息不足的缺陷，并为其提供两个以上的备选决策方案，进而帮助提高平台使用者的决策效率和决策水平。③决策制定层，负责分析比对各种备选决策方案并进行合理选择，最终产生最优决策。

3. 打造大数据专业人才队伍

勇于创新，人才先行。在社会责任信息披露平台的构建过程中，应把大数据专业人才队伍建设放在工作的首位。一方面，充分吸收各种挖掘型、技术型和分析型的专业人才，有效解决人才稀缺问题，该类人才的特点是信息技术纯熟，在数据资料挖掘和分析方面尤为擅长。另一方面，在外部人才聘用上，多聘用信息技术和社会责任信息披露业务能力兼具的复合型人才，在加强业务培训的同时，增加其大数据相关业务实践操作的机会，使其充分发挥自身特长，为平台使用者的决策优化服务。除此之外，决策者也要充分认识自身所存在的信息技术能力欠缺以及知识储备不足的问题。在日常工作中，积极参加信息化知识培训和学习，注重信息化素质的提高，在适应大数据环境的前提下，全面提升自己的综合能力和决策水平。

（三）政策法规层面的保障措施

1. 大数据相关政策法规

在全球大数据产业发展热潮的引领下，我国逐渐把大数据视为国民经济发展的阶段性战略目标。如今，大数据概念快速普及，国内大数据产业规模初现，电商、互联网、电商等信息化领先行业对大数据的应用尤为明显。数据资源参与主体的种类和数量都大幅增加，我国数据开放程度得到了前所未有的提升。然而，大数据时代的来临也暴露出了很多信息安全方面的问题，引发行业内外的广泛关注。目前，相较于国外同业，国内大数据存储分析能力较为欠缺，在某些软件和技术的应用上相对落后。同时，在云计算和大数据等信息管理方面，我国还没有出台国家层面的法规和文件。

政府作为宏观调控的主体，对我国国民经济发展发挥重要的引导职能，因此，在信息安全问题的解决上，政府最有发言权，政府有责任也有义务纠正当前社会责任信息披露的不当行为，并促进信息管理政策及法规的完善。一是进一步强化云计算和大数据的安全监管，加强大数据相关服务的检测，从技术要求和安全防范等层面对平台运作进行规范化指引。二是加大对大数据信息安全相关法规的研究力度，制定有针对性的文件法规，涉及知识产权、个人隐私以及数据安全等领域，以弥补原有信息安全政策法规的不足，切实维护大数据时代的信息安全。三是增强大数据信息安全责任意识，积极建立第三方信息安全监管机构，以促进信息安全保障体系的完善。四是发挥政府主导作用，建立信息安全等级保护制度，换言之，根据信息在国民经济和社会生活中的重要程度，将所要保护的数据信息划分为不同的安全保护等级，并对其实施不同层级的保护和监管。

2. 社会责任信息披露方面

信息披露主要是指上市公司以公告的形式对外发布社会责任履行情况。随着环境问题、消费者权益保护、食品质量与安全等各类问题的日益突出，企业社会责任信息披露逐渐成为社会公众关注的焦点，政府对社会责任信息披露的监督和引导势在必行。

目前，我国主要采取自愿披露方式，对上市公司社会责任相关信息进行披露。而西方发达国家则采取了政府干预的方式，强制企业披露特定事项。鉴于此，为了保障社会责任信息披露平台的有效运行和我国体系的完善，现提出以下保障措施：一是学习西方国家在企业社会责任信息披露方面的先进经验，在原有信息披露政策法规的基础上，列示强制披露的硬性规定，尤其是与社会公众有重大关系的数据信息要实施强制性披露，其余的则可以采取一定的激励手段引导企业自行披露。一方面提高了企业披露信息的真实性、有用性和可比性，另一方面也有助于解决信息不对称所带来的信息垄断问题，确保公平竞争市场秩序的维护。二是在社会责任信息披露内容上，增加行业特点之一考量因素，企业社会责任强制披露内容要与所在行业特点相匹配。三是参考国外社会责任信息披露制度，与人民银行、环保局等监管部门协调配合，共同构建符合我国国情的信息披露指标评价体系，同时，对具体的信息披露法规进行修订，以促进我国社会责任信息披露体系的完善。

第五章　会计信息披露非正式制度

第一节　会计信息披露非正式制度理论基础

会计信息披露非正式制度理论基础为理解企业如何进行信息披露提供了丰富的视角和解释框架。非正式制度包括社会规范、文化习惯、道德标准等，它们虽然不像法律法规那样具有强制性，但却对企业的会计信息披露行为产生深远影响。以下是会计信息披露非正式制度理论的几个关键基础。

一、社会规范理论

社会规范理论认为，企业的会计信息披露行为受到多种社会规范的影响，这些规范包括社会期望、行业惯例和道德标准等。作为一种非正式制度，社会规范对企业的行为起到了重要的约束和引导作用，尽管它们并不具有法律的强制性，但其影响力却不可忽视。

首先，社会期望对企业会计信息披露行为具有重要影响。社会对企业透明度和诚信的高期望促使企业在披露财务信息时更加透明和准确。公众、投资者和其他利益相关者希望企业能够提供真实、完整和及时的财务信息，以便他们能够作出明智的决策。因此，企业往往会在财务信息披露过程中遵循高标准，以满足社会期望，增强信任和认同。

其次，行业惯例在企业会计信息披露中扮演着关键角色。尽管这些惯例没有法律的强制力，但它们在行业内广泛存在并被普遍接受。企业通过遵循这些惯例，可以与同行保持一致，避免因不遵守惯例而遭受负面评价。例如，在某些行业，特定的信息披露格式和内容可能已成为惯例，企业通过遵守这些惯例，可以展示其专业性和规范性，从而在行业内树立良好的品牌声誉和社会形象。

最后，道德标准也是影响企业会计信息披露行为的重要因素。企业在信息披露过程中，不仅要遵守法律法规，还需要遵循社会公认的道德标准。高道德标准要求企业在信息披露中保持诚信和透明，不做虚假陈述或隐瞒不利信息。这种道德约束不仅有助于维护企业的诚信和信誉，还能在长期内为企业带来更多的商业机会和合作伙伴。

社会规范作为一种非正式制度，通过社会期望、行业惯例和道德标准等多个方面对企业的会计信息披露行为产生影响。在透明度和诚信方面的高社会期望促使企业在财务信息披露时更加透明和准确；行业惯例虽然没有法律强制力，但遵守这些惯例有助于企业建立良好的品牌声誉和社会形象；而道德标准则要求企业在信息披露中保持高水平的诚信和透明，从而进一步促进企业的可持续发展。通过遵循这些社会规范，企业不仅能满足社会的期望，还能在激烈的市场竞争中树立良好的社会形象和品牌声誉，为其长期发展奠定坚实基础。

二、文化理论

文化理论强调，企业的会计信息披露行为深受企业所在社会的文化背景影响。在不同文化背景下，企业对信息披露的理解和重视程度可能有所不同，这直接影响了企业在信息披露方面的策略和实践。

首先，在高不确定性规避文化中，企业往往倾向于全面披露信息以减少不确定性。在这种文化背景下，人们对于未知和变化的容忍度较低，因此企业通过提供详尽和透明的财务信息，来增强利益相关者的信心，减少潜在风险。这种全面的信息披露不仅有助于提高企业的透明度和可信度，还能有效降低市场的不确定性，增强企业在市场中的稳定性和竞争力。

反之，在低不确定性规避文化中，企业的信息披露行为则表现得更加灵活和选择性。由于人们对不确定性和风险的容忍度较高，企业在信息披露时可以更加注重灵活性，选择性地披露对企业有利的信息。这种策略允许企业在竞争中保持一定的战略优势，同时也能够灵活应对市场的变化和挑战。

其次，集体主义文化和个人主义文化对信息披露的侧重点也存在显著差异。在集体主义文化中，企业更强调社会责任和利益相关者的信息披露。企业会优先考虑员工、社区、供应商和其他利益相关者的需求，确保他们能够获得必要的信息，以便共同推动企业和社会的可持续发展。在这种文化背景下，企业的信息披露往往更加全面和多样化，涵盖社会责任、环境保护、员工福利等多个方面。

相反，在个人主义文化中，企业的信息披露则更注重股东和投资者的需求。企业会侧重于披露能够反映财务表现、投资回报和经营状况的信息，以满足股东和投资者的决策需求。在这种文化背景下，企业的信息披露行为更加聚焦于经济利益和财务透明度，确保股东和投资者能够获得准确、及时的财务信息，从而作出明智的投资决策。

文化理论还强调，不同文化背景下的企业信息披露行为不仅是对法律法规的遵从，更是对社会价值观和文化传统的反映。在某些文化中，企业可能更倾向于遵循非正式的社会规范，而在其他文化中，法律和正式规章可能起到更为重要的作用。因此，企业在制定信息披露策略时，必须深刻理解和尊重所在社会的文化背景，才能有效地满足利益相关者的期望，提升企业的社会形象和市场竞争力。

综上所述，文化背景对企业的会计信息披露行为具有深远的影响。高不确定性规避文化倾向于全面披露信息以减少不确定性，低不确定性规避文化则更加灵活和选择性地披露信息。集体主义文化强调社会责任和利益相关者的信息披露，而个人主义文化更注重股东和投资者的信息需求。理解并尊重不同的文化背景，企业才能在全球化的竞争环境中制定出符合自身实际情况的信息披露策略，提升透明度和公信力，实现可持续发展。

三、声誉理论

声誉理论指出，企业在会计信息披露中受到声誉机制的约束和激励。通过披露高质量的财务信息，企业可以建立和维护良好的声誉，而这种良好的声誉能够为企业带来更多的市场机会和竞争优势。企业在市场中的声誉是其无形资产的重要组成部分，直接影响着其商业成功和长期发展。

首先，企业通过披露高质量、真实、透明的财务信息，可以树立诚实和可靠的形象。这不仅有助于赢得投资者、客户和合作伙伴的信任，还能增强员工的归属感和忠诚度。高质量的信息披露表明企业管理层的诚信和专业能力，从而提升企业在市场中的信誉和地位。声誉良好的企业更容易获得融资机会，吸引优质客户和合作伙伴，进一步推动业务的增长和发展。

相反，如果企业的信息披露质量差或存在虚假信息，其声誉将受到严重损害。声誉损害会导致投资者、客户和合作伙伴对企业失去信任，可能引发股价下跌、市场份额减少和业务合作中断等严重后果。此外，声誉受损的企业可能面临更多的法律和监管风险，进一步影响其市场地位和发展前景。即使企业采取补救措施，恢复声誉往往也需要较长时间和大量资源，损失不可估量。

声誉理论强调，非正式制度中的声誉效应对企业的信息披露行为具有重要影响。企业为了维护和提升声誉，往往会自觉遵循较高的信息披露标准，即使这些标准并非法律强制要求。通过主动披露全面、真实的财务信息，企业可以展示其透明度和责任感，树立良好的公众形象。这种自律行为不仅可以增强市场对企业的信任度，还能在激烈的市场竞争中脱颖而出，获得更多的商业机会和竞争优势。

此外，声誉的提升还可以带来更多的长期利益。良好的声誉能够增强企业的品牌价值和市场吸引力，促进客户忠诚度和市场份额的提升。企业在危机中更容易获得公众的支持和理解，渡过难关。此外，声誉良好的企业在招聘和保留人才方面也具有明显优势，能够吸引更多的高素质人才，为企业的创新和持续发展提供有力支持。

综上所述，声誉理论强调声誉机制在企业会计信息披露中的约束和激励作用。企业通过披露高质量的财务信息，可以建立和维护良好的声誉，从而获得更多的市场机会和竞争优势。相反，信息披露质量差或存在虚假信息会严重损害企业的声誉，影响其市场地位和发展前景。非正式制度中的声誉效应促使企业自觉遵循较高的信息披露标准，以维护和提升声誉，实现可持续发展。因此，企业在信息披露过程中，应高度重视声誉管理，通过持续提高信息披露质量，巩固和增强市场信任，推动企业长期稳健发展。

四、信任理论

信任理论认为，信息披露行为不仅是法律和监管的结果，更是建立和维持利益相关者信任的手段。高质量的信息披露能够增强利益相关者对企业的信任，而这种信任是企业长期发展的基础和保障。通过透明和真实的信息披露，企业能够向投资者、客户、供应商等各类利益相关者传递其诚信和可靠性，从而增强他们的信任感。

首先，高质量的信息披露可以显著提高企业的透明度。透明度是信任的基石，利益相关者希望能够清晰地了解企业的财务状况、经营成果和未来发展前景。通过详细、真实地披露各类信息，企业可以展示其经营的公开性和透明性，消除信息不对称，从而赢得利益相关者的信任。例如，投资者需要可靠的财务信息来作出投资决策，客户希望了解企业的产品质量和服务水平，供应商关心企业的付款能力和合作稳定性。全面而透明的信息披露能够满足这些需求，增强各方对企业的信任和支持。

其次，信任作为一种非正式制度，对企业的信息披露行为具有重要的激励作用。企业在信息披露过程中，自觉提高信息披露的质量和透明度，不仅是为了遵守法律和监管要求，更是为了赢得和维护利益相关者的信任。信任能够带来长期的经济和社会效益，包括更低的融资成本、更稳定的客户关系和更高的员工忠诚度等。企业通过透明和真实的信息披露，能够建立起良好的声誉，这种声誉反过来又会进一步增强利益相关者的信任，形成良性循环。

此外，信任理论还强调，企业的信息披露行为应具备持续性和一致性。利益相关者的信任不是一朝一夕建立的，而是通过企业长期一致的透明和真实的行为逐步积累起来的。企业需要在各个时期、各种情境下保持一致的高标准信息披露，避免信息披露中的不一致和突然变化，这样才能持续增强和巩固利益相关者的信任。例如，企业在面对危机或不利局面时，依然坚持真实、透明的信息披露，可以显著提升其在利益相关者中的信誉和形象，增强其应对危机的能力和韧性。

最后，信任的建立和维持对于企业的长期发展至关重要。信任不仅能够帮助企业吸引和留住投资者、客户和员工，还能够提升企业在市场中的竞争力。一个被广泛信任的企业在市场上更具优势，因为其能够迅速获得资源、支持和合作伙伴，推动业务的快速发展和创新。因此，企业在信息披露过程中，应高度重视信任的建立和维护，通过持续提高信息披露的质量和透明度，不断增强利益相关者的信任感，从而实现长期稳健的发展。

综上所述，信任理论认为，企业的信息披露行为不仅是法律和监管的结果，更是建立和维持利益相关者信任的关键手段。通过透明和真实的信息披露，企业能够增强利益相关者的信任，推动企业长期发展。信任作为一种非正式制度，对企业的信息披露行为具有重要的激励作用，促使企业自觉提高信息披露的质量和透明度，从而在市场中建立和维护良好的品牌声誉和竞争优势。

五、道德理论

道德理论强调，企业的信息披露行为受到道德标准和伦理观念的约束，要求企业在信息披露过程中始终遵循诚实、透明、责任等道德原则，确保所披露信息的真实性和完整性。根据道德理论，企业不仅应遵守法律法规的规定，还应遵循社会公认的道德规范和伦理标准，通过高质量的信息披露履行其社会责任和道德义务。

首先，诚实和透明是道德理论对企业信息披露行为的基本要求。企业在信息披露时，必须确保所提供的信息准确、真实，不夸大、不隐瞒，做到信息的公开透明。这不仅有助于维护市场的公平和透明，还能赢得投资者、客户和其他利益相关者的信任。诚实的信息披露体现了企业的诚信和正直，是企业道德形象的重要组成部分。

其次，企业应在信息披露中体现其责任感，积极履行社会责任。企业作为社会的一部分，承担着多方面的社会责任，包括对环境保护、员工权益、社区发展等方面的信息披露。道德理论认为，企业应通过全面、详细的信息披露，展示其在履行社会责任方面的努力和成果，回应社会的关切和期望。例如，企业可以披露其在环保方面的举措和成果、员工福利计划、社区支持项目等信息，展现其对社会和环境的贡献。

此外，道德理论还提醒企业在信息披露过程中时刻保持高度的道德自律。企业领导层和管理团队应以身作则，树立良好的道德榜样，推动企业形成良好的道德文化和信息披露规范。在面对可能的利益冲突或信息披露的挑战时，企业应坚守道德底线，优先考虑公众利益和社会责任，而不是单纯追求短期的经济利益。这种道德自律不仅能提升企业的社会形象，还能增强企业的长远竞争力。

道德理论强调，企业的信息披露行为不仅是满足法律和监管要求，更是企业履行道德责任的重要体现。通过高质量的信息披露，企业能够履行其对社会和利益相关者的承诺，展示其在各方面的责任感和道德水准。这种行为不仅有助于维护市场的健康和稳定，还能促进企业与社会之间的良性互动，提升企业的整体信誉和品牌价值。

综上所述，道德理论强调企业在信息披露中应受到道德标准和伦理观念的约束，遵循诚实、透明、责任等道德原则，确保信息披露的真实性和完整性。企业不仅应遵守法律法规的要求，还应自觉遵循社会的道德规范和伦理标准，通过高质量的信息披露履行社会责任和道德义务。在信息披露过程中，企业应保持高度的道德自律，树立良好的道德形象和社会责任感，从而赢得社会的信任和支持，推动企业的可持续发展。

六、社会资本理论

社会资本理论认为，企业在信息披露过程中积累和利用社会资本，包括信任、网络、规范等，以促进其发展和竞争力。通过高质量的信息披露，企业可以建立和强化与利益相关者之间的信任关系，形成丰富的社会资本。这种社会资本不仅有助于企业获取更多的资源和机会，还可以显著提升企业的市场形象和竞争优势。

首先，信任作为社会资本的重要组成部分，对企业的发展至关重要。通过透明、准确、及时的信息披露，企业能够向投资者、客户、供应商和其他利益相关者展示其诚信和可靠性。高质量的信息披露让利益相关者对企业的经营状况和未来前景有清晰的了解，从而增强他们对企业的信任和支持。这种信任关系可以帮助企业在竞争激烈的市场中脱颖而出，赢得更多的投资、合作和市场份额。

其次，企业通过信息披露可以加强其社会网络。这些网络包括与客户、供应商、合作伙伴、政府机构和社区组织的联系和互动。高质量的信息披露能够促进企业与这些利益相关者之间的沟通和合作，增强彼此之间的了解和信任。通过构建和维护强大的社会网络，企业可以更有效地获取市场信息、技术资源和商业机会，提升其应对市场变化的能力和创新能力。

此外，社会规范作为社会资本的一部分，对企业的信息披露行为起到引导和约束作用。社会资本理论认为，企业在信息披露过程中应遵循行业惯例和社会规范，保持信息披露的公正性和透明度。遵循这些规范不仅能够帮助企业树立良好的社会形象，还能够增强其在行业内的信誉和地位。规范的信息披露行为使得企业能够赢得更广泛的社会认同和支持，为其长期发展奠定坚实的基础。

社会资本理论还强调，企业在信息披露中积累和维护社会资本，对于实现可持续发展至关重要。高质量的信息披露可以促进企业与利益相关者之间的良性互动，增强企业的社会责任感和道德形象。在可持续发展背景下，企业不仅要关注经济效益，还要考虑环境保护、社会贡献和员工福利等方面的表现。通过全面、透明的信息披露，企业能够展示其在可持续发展方面的努力和成就，提升其综合竞争力和社会影响力。

综上所述，社会资本理论认为，企业在信息披露过程中应积极积累和利用社会资本，包括信任、网络和规范等。通过高质量的信息披露，企业可以建立和强化与利益相关者之间的信任关系，形成良好的社会资本，促进其发展和竞争力。社会资本不仅有助于企业获取更多的资源和机会，还可以显著提升企业的市场形象和竞争优势。企业应通过信息披露积累和维护其社会资本，以实现可持续发展，在市场中取得长期成功。

七、制度理论

制度理论强调，企业的信息披露行为受到其所在制度环境的深刻影响，这种影响不仅包括正式制度，如法律法规、监管政策等强制性要求，还包括非正式制度，如社会规范、文化习惯、行业惯例等。这两类制度共同构成了企业信息披露的制度环境，对企业的行为起到约束和引导作用。

正式制度是企业信息披露的基本框架和底线。法律法规和监管政策规定了企业必须披露的信息内容、披露的时间和方式等具体要求。遵守这些正式制度不仅是企业的法律义务，也是企业维持市场公平和透明的重要手段。通过遵循正式制度，企业能够确保信息披露的合法性，避免因信息披露不当而受到法律制裁和市场惩罚。同时，合规的信息披露有助于提高企业在市场中的信誉和信任度，增强其投资吸引力和市场竞争力。

然而，仅仅遵守正式制度是不够的。制度理论认为，企业在信息披露中还应充分考虑非正式制度的要求。这些非正式制度包括社会的价值观、文化习惯、行业惯例和利益相关者的期望等，它们虽然没有法律强制力，但在实际操作中对企业的行为具有重要的影响力。例如，在不同文化背景下，社会对企业透明度、诚信和责任的期望不同，企业需要在信息披露中反映这些期望，以赢得社会认可和支持。在一个注重诚信和透明度的文化中，企业通过高质量的信息披露，展示其经营的透明性和诚实性，可以有效地提升其社会声誉和公众形象。

此外，企业通过遵循非正式制度，可以更好地适应和融入其制度环境。遵循行业惯例和社会规范，可以帮助企业建立和维护良好的社会关系和商业网络。这种适应能力不仅有助于企业在日常经营中顺利开展业务，还能增强其在面对突发事件和市场变化时的应对能力。例如，在信息披露过程中，企业不仅要披露财务状况和经营业绩，还应关注环境保护、社会责任和治理结构等方面的信息，以满足利益相关者的多样化需求。

制度理论还强调，企业需要在正式和非正式制度之间找到平衡点。过于依赖正式制度可能导致信息披露的机械化和形式化，忽视了利益相关者的实际需求；而只注重非正式制度，则可能导致信息披露的随意性和不规范。企业应在遵守法律法规的基础上，结合行业惯例和社会期望，制定科学合理的信息披露策略，确保信息披露的合法性和社会认可度。

通过综合考虑正式和非正式制度的要求，企业能够提高信息披露的质量和效果。高质量的信息披露不仅有助于企业建立和维护良好的市场形象，还能增强其在社会中的认可度和影响力。企业应在信息披露过程中，始终保持高度的责任感和自律意识，不断提高信息披露的透明度和真实性，积极回应社会的关切和期望。

综上所述，制度理论强调企业的信息披露行为受到其所在制度环境的影响，包括正式制度和非正式制度。企业在信息披露中应综合考虑这两类制度的要求，确保信息披露的合法性和社会认可度。通过遵循非正式制度，企业可以更好地适应和融入其制度环境，提高信息披露的质量和效果，从而实现长期稳健的发展。

非正式制度理论基础为理解和分析企业会计信息披露行为提供了重要的视角。社会规范、文化、声誉、信任、道德、社会资本和制度环境等非正式因素，尽管没有法律的强制力，但通过影响企业的价值观、行为模式和社会期望，对企业的信息披露行为产生了深远的影响。企业在构建和完善信息披露机制时，应充分考虑这些非正式制度因素，综合运用各种理论基础，提高信息披露的质量和透明度，增强与利益相关者的信任和合作，推动企业的可持续发展。

第二节　个体道德与会计信息披露

个体道德在会计信息披露中起着至关重要的作用。会计信息的披露不仅关乎企业的合规性和透明度，更是衡量企业道德水准和社会责任感的关键指标。以下从多个角度探讨个体道德对会计信息披露的影响及其重要性。

一、个体道德对信息披露质量的影响

个体道德是指个人在职业活动中遵循的伦理标准和行为规范。会计人员作为企业财务信息的主要管理者和披露者，其道德水平直接影响信息披露的质量。高道德水准的会计人员倾向于遵循诚实、透明、公正的原则，确保披露的信息真实、完整，避免误导投资者和其他利益相关者。相反，缺乏道德的会计人员可能会隐瞒或篡改信息，导致信息披露失真，损害企业的信誉和社会形象。

二、道德风险与会计信息失真

道德风险是指在缺乏监督和制约的情况下，个体可能会为了个人利益而采取不道德行为。会计信息失真通常与道德风险密切相关。会计人员如果受到不道德动机的驱使，可能会进行财务造假、虚报利润、隐瞒亏损等行为，导致信息披露失真，进而引发投资者和监管机构的不信任，损害企业的长远利益。因此，降低道德风险，提高会计人员的道德水平，是确保会计信息披露质量的重要措施。

三、道德教育与职业道德培训

提高会计人员的道德水平需要从道德教育和职业道德培训入手。企业应重视对会计人员的职业道德培训，通过开展伦理课程、案例分析、职业道德讲座等方式，增强会计人员的道德意识和责任感。道德教育不仅能够帮助会计人员理解和遵守职业道德规范，还能够提升他们在面对道德困境时的决策能力，确保信息披露的真实性和完整性。

四、企业文化与道德氛围的塑造

企业文化对个体道德具有重要影响。企业应致力于塑造良好的道德氛围，营造诚信、透明、公正的企业文化。通过制定和实施明确的道德规范和行为准则，企业可以引导和规范会计人员的行为，提高整体信息披露质量。此外，企业领导层应以身作则，树立良好的道德榜样，鼓励和支持员工遵守职业道德，共同维护企业的诚信形象。

五、道德监督与激励机制

为了促进会计人员遵循职业道德，企业可以建立有效的道德监督和激励机制。监督机制包括内部审计、道德委员会、举报制度等，通过这些机制，可以及时发现和纠正不道德行为。激励机制则可以通过奖励和表彰遵守职业道德的会计人员，鼓励他们在信息披露中保持高标准的道德行为。例如，企业可以设立“道德模范”奖项，对在信息披露中表现出色的员工进行表彰，树立道德标杆。

六、道德困境与道德决策

会计人员在信息披露过程中，常常会面临各种道德困境，需要在利益冲突中作出道德决策。例如，当企业高层施压要求隐瞒负面财务信息时，会计人员如何在保持职业道德与满足企业利益之间作出平衡？面对这种情况，道德决策能力尤为重要。会计人员应具备坚守道德原则的勇气和智慧，始终将诚信和透明作为信息披露的基本准则，即使在面临巨大压力时也不动摇。

七、个体道德与法律法规的关系

虽然法律法规为会计信息披露提供了基本的规范和要求，但个体道德是法律法规的补充和升华。法律法规往往具有一定的滞后性和局限性，而个体道德可以弥补法律的不足，促使会计人员在法律框架内自觉提升信息披露的标准。例如，某些财务操作可能在法律上是允许的，但在道德上却不被认可。高道德水准的会计人员会自觉避免这些行为，确保信息披露不仅合规，而且道德上也是无可挑剔的。

八、道德困境下的信息披露选择

在实际工作中，会计人员可能会遇到一些法律允许但道德上存疑的情况。例如，某些财务操作在法律上是允许的，但在道德上却可能被质疑。在这种情况下，道德水准高的会计人员往往会选择更高标准的信息披露方式，以确保其行为不仅合法，而且道德上也无可挑剔。这样的选择不仅维护了企业的声誉，还能增强利益相关者的信任和信心。

综上所述，个体道德在会计信息披露中具有重要的作用和影响。通过提高会计人员的道德水平，增强他们的职业道德意识和责任感，企业可以确保信息披露的真实性、透明度和完整性。通过道德教育、企业文化塑造、监督和激励机制的建设，以及应对道德困境的能力提升，企业可以有效提高会计信息披露的质量，增强利益相关者的信任，推动企业实现可持续发展。

第三节　企业文化与会计信息披露

企业文化是指在企业长期经营管理过程中形成的具有本企业特色的信念、价值观、行为规范和工作作风。企业文化不仅影响员工的日常行为和决策，还深刻影响企业的会计信息披露质量。企业文化与会计信息披露之间存在紧密的联系，以下从多个角度探讨企业文化对会计信息披露的作用及其重要性。

一、企业文化的价值观

企业文化的价值观是指导企业员工行为的重要准则。企业的价值观如果强调诚信、透明和责任感，那么这些价值观将渗透到会计信息披露的各个环节，促使会计人员遵循高标准的职业道德，确保披露信息的真实性和完整性。例如，一个重视诚信的企业文化会鼓励会计人员在信息披露过程中，始终坚持客观、公正，不隐瞒、不夸大，为利益相关者提供准确的财务信息。

二、领导层的道德榜样作用

企业领导层在塑造企业文化方面具有决定性作用。领导层的言行举止直接影响企业的文化氛围和员工的行为模式。如果企业高层领导坚持诚实守信、透明公开的管理作风，会计人员也会受到积极影响，自觉遵守信息披露的规范和标准。领导层通过以身作则，树立良好的道德榜样，能够在企业内部形成一种重视信息披露质量的文化氛围，提高整体披露水平。

三、员工行为规范和职业道德

企业文化通过制定明确的行为规范和职业道德标准，指导和约束会计人员的行为。企业可以通过制定会计职业道德准则、财务管理制度等，明确会计信息披露的要求和规范，确保信息披露的规范性和一致性。员工在这种文化环境中，能够更好地理解和执行信息披露的规范，减少由于道德风险和行为失范导致的信息披露问题。

四、培训与教育机制

优良的企业文化重视员工的持续培训和教育。企业可以通过定期开展职业道德培训、信息披露规范培训等，提高会计人员的专业素养和道德水平。培训不仅可以增强会计人员对信息披露重要性的认识，还可以提升他们在实际操作中的技能和判断力，从而确保信息披露的准确性和及时性。通过培训和教育，企业文化中对诚信和透明的追求能够得到有效传递和落实。

五、企业文化与内部控制制度

良好的企业文化与健全的内部控制制度相辅相成，共同促进会计信息披露的质量。内部控制制度包括财务审计、风险管理、内部监督等，是确保会计信息披露质量的重要机制。而企业文化则为内部控制制度的有效实施提供了支持和保障。一个重视诚信和责任的企业文化，能够促进内部控制制度的落实，使会计信息披露更加规范和透明，减少虚假信息和财务舞弊的发生。

六、企业文化对外部利益相关者的影响

企业文化不仅影响内部员工，还对外部利益相关者产生重要影响。一个透明、诚信、负责任的企业文化，可以增强投资者、客户、供应商等外部利益相关者对企业的信任，提

升企业的市场形象和公信力。会计信息披露作为企业与外部利益相关者沟通的重要途径，能够反映企业文化的价值导向。通过高质量的信息披露，企业可以展示其良好的文化形象，赢得更多的市场机会和合作伙伴。

七、企业文化与社会责任

企业文化中的社会责任观念对会计信息披露有着重要影响。重视社会责任的企业文化，会促使企业在信息披露中更加关注环境保护、社会公益、员工福利等方面的信息。通过全面、真实地披露社会责任相关信息，企业可以展示其对社会责任的承担和履行，提升企业的社会形象和公众认可度。会计信息披露不仅是财务数据的展示，更是企业社会责任的重要体现。

八、文化建设与信息披露创新

企业文化建设不仅是传统价值观的传承，还包括对新理念、新方法的创新。企业可以通过文化建设，推动信息披露形式和内容的创新。例如，借助信息技术和新媒体，企业可以采用多样化的信息披露方式，如视频报告、互动数据平台、社会媒体发布等，使信息披露更加生动、直观，提高信息传递的效果和效率。创新的披露方式不仅增强了信息的可读性和吸引力，还能更好地满足利益相关者的需求。

综上所述，企业文化对会计信息披露具有深远的影响和重要作用。通过塑造和弘扬诚信、透明、责任的企业文化，企业可以有效提高会计信息披露的质量，增强内部员工的道德自律和专业素养，赢得外部利益相关者的信任和支持。企业应通过多种途径，不断完善文化建设，推动信息披露的规范化、透明化和创新化，为企业的可持续发展奠定坚实的基础。

第四节　社会文化与会计信息披露

社会文化是一个国家或地区在历史发展过程中形成的思想观念、价值体系、风俗习惯和行为规范的总和。它不仅影响个人和组织的行为方式，还对企业的会计信息披露产生深远的影响。社会文化与会计信息披露之间的关系可以从多个角度进行探讨。

一、社会价值观对信息披露的影响

社会价值观是社会文化的重要组成部分，反映了一个社会的基本信念和道德标准。在一个重视诚信、透明、公平的社会中，企业会更倾向于遵守这些价值观，确保会计信息披露的真实性和完整性。反之，在一个道德标准相对宽松、诚信缺乏的社会中，企业可能会出现信息披露失真、财务造假等问题。因此，社会价值观直接影响企业信息披露的质量和可靠性。

二、法律法规与社会文化的互动

社会文化影响法律法规的制定和执行，而法律法规又反作用于社会文化。在一个法律体系健全、执法严格的社会，企业会受到更严格的信息披露要求和监督，促使其遵循规范和标准。相应地，法律法规也会反映社会文化中的价值观，如透明度、诚信和责任感。例如，在一些国家，法律要求企业必须披露环境保护、社会责任等方面的信息，这体现了社会对这些问题的重视。

三、社会信任与企业信誉

社会文化中的信任度对会计信息披露具有重要影响。在一个高信任度的社会中，企业和公众之间的信任关系较强，企业会更自觉地进行真实、透明的信息披露，以维护和增进这种信任。高质量的信息披露可以增强公众对企业的信任，提升企业的社会信誉和形象。相反，在一个信任度较低的社会中，企业可能会倾向于隐瞒不利信息，导致信息披露质量下降，进一步削弱社会信任。

四、教育水平与公众意识

社会文化中教育水平和公众意识的高低也影响会计信息披露。高教育水平的社会，公众具有较高的财务知识和信息解读能力，能够有效监督企业的信息披露，促使企业提高信息披露质量。公众对企业信息的关注度和解读能力越高，企业越需要披露详细、准确的信息，以回应公众的关切和期望。反之，低教育水平的社会，公众对信息披露的要求和监督力度较低，企业可能会忽视信息披露的规范性和透明度。

五、媒体和公众舆论的作用

媒体和公众舆论是社会文化的重要组成部分，对会计信息披露有着重要的影响。媒体通过新闻报道、评论、调查等方式，可以对企业的信息披露进行监督和评价，形成公众舆论压力，促使企业提高信息披露的透明度和真实度。在一个媒体发达、舆论自由的社会，企业需要更加谨慎和全面地进行信息披露，以避免负面报道和公众质疑。

六、社会责任与企业文化

社会文化中的社会责任观念对企业的会计信息披露有着重要影响。在一个重视社会责任的社会，企业会更加关注环境保护、社会公益、员工福利等方面的信息披露。社会公众对企业承担社会责任的期望和要求，促使企业在信息披露中更加全面、真实地反映其在社会责任方面的表现。通过披露社会责任相关信息，企业可以展示其对社会责任的承担和履行，提升社会形象和公众认可度。

七、国际化与跨文化影响

随着全球化的发展，国际化企业需要面对不同社会文化的影响和要求。在跨国经营中，企业需要遵循不同国家和地区的会计信息披露规范，同时还要尊重和适应当地的社会文化。跨文化管理要求企业在信息披露中考虑不同文化背景下的价值观和行为规范，确保信息披露的合规性和适应性。国际化企业通过在不同文化背景下的合规披露，可以增强全球市场的信任和认可。

八、社会文化变迁与信息披露的演变

社会文化是动态变化的，随着社会文化的变迁，企业的信息披露也需要不断适应和演变。例如，随着环保意识的增强和可持续发展理念的普及，越来越多的企业开始重视环境会计信息的披露，积极回应社会对环保信息的关注。社会文化的变迁推动企业在信息披露中不断创新和改进，以适应新的社会期望和要求。

综上所述，社会文化对会计信息披露具有深远的影响。通过理解和适应社会文化中的价值观、信任度、教育水平、媒体舆论和社会责任观念，企业可以提高信息披露的质量和透明度，增强与社会公众的信任关系。企业应通过不断完善信息披露机制，回应社会文化的变迁和要求，推动信息披露的规范化、透明化和创新化，为企业的可持续发展奠定坚实的基础。

第五节　会计信息披露非正式制度的建设框架及实施机制

一、会计信息披露非正式制度的建设框架

会计信息披露的非正式制度是指在正式法律法规和会计准则之外，由企业内部和外部利益相关者共同形成的行为准则、道德规范和文化氛围。这些非正式制度在提升信息披露质量、透明度和公信力方面发挥着重要作用。

企业内部的非正式制度包括内部管理规定、企业文化和价值观等。这些制度和规范可以影响企业管理层和员工的行为，鼓励他们诚实、透明地披露信息，提高信息披露的质量和可信度。而外部的非正式制度主要体现在行业惯例、社会舆论和投资者期望等方面。行业惯例和社会舆论可以促使企业在信息披露上保持一定的标准和水平，投资者期望则影响企业披露的内容和频率。这些因素共同推动企业积极履行信息披露的责任，提升信息披露的透明度和公信力。

会计信息披露的非正式制度是企业内外部利益相关者共同形成的一种规范化行为准则和文化氛围，对促进信息披露质量的提升和可持续发展目标的实现具有重要意义。

二、会计信息披露非正式制度的实施机制

会计信息披露非正式制度的实施机制旨在通过企业内部和外部多方面的协同努力，确保会计信息披露的质量和透明度。这些机制不仅包括企业内部的管理和控制，还涉及外部利益相关者的监督与参与。在企业内部，实施机制通常包括建立健全的内部控制体系，确保信息披露过程的合规性、准确性和及时性。这可能涉及内部审计、风险管理、财务报告制度等方面的规定和操作程序。此外，企业还需要加强内部沟通和培训，提升员工对信息披露重要性的认识和责任意识。而在外部，实施机制则需要各种利益相关者的参与和监督。例如，投资者和金融机构可能通过审计报告、财务分析和投资决策来评估企业的信息披露情况。监管机构和行业协会可能制定相关规范和标准，监督企业的信息披露行为是否符合法律法规和行业要求。媒体、消费者等社会公众则可能通过舆论监督、公开评价等方式，促使企业提高信息披露的透明度和质量。

综合而言，会计信息披露的非正式制度实施机制需要企业内部和外部利益相关者的共同努力和参与，以确保信息披露的质量和透明度，促进企业的可持续发展。

第六章　内部控制信息披露管制

第一节　内部控制信息披露管制的供给需求分析

一、内部控制信息披露管制的供给分析

管制不仅是经济过程的产物，也是政治过程的产物。不同的国家由于政治、经济、法律和文化环境的不同，其管制模式也不相同。我国内部控制信息披露管制具有政府强供给性特征。我国内部控制规范形成的特点表现为：一方面，规范制定主体的利益代表性和广泛性不够。从目前来看，参与内部控制规范制定的主要是财政部、中国证监会、审计署、金融监管总局等行政部门，以官方为主。虽然 2006 年 7 月我国财政部发布通知成立企业内部控制标准委员会，但该委员会仅仅是我国政府的一个智囊机构，为我国企业内部控制标准体系的建设提供政策指导和咨询服务，并没有发挥管制职能。另一方面，内部控制规范的制定程序不充分。

我国内部控制信息披露规范制定程序包括以下五个步骤：①提出立项意见，报财政部等部门批准后，确定正式立项，具体分工落实到各起草小组和起草人，并确定起始时间。②由起草人展开实际调查，了解国内外实际做法，并广泛收集和研究国内外文献资料，提出建议稿。当然，起草过程中可以聘请国际咨询机构或专家提供咨询，供起草人参考。③起草人根据掌握的资料及咨询机构和专家的建议，进一步完善研究成果，起草研究报告。经所在起草小组讨论后，形成讨论稿。讨论稿完成后，在内部控制规范核心小组内讨论，提出修改意见，起草人根据讨论意见，提出征求意见稿。④对征求意见稿公开向社会公众征求意见。起草人根据各方面反馈的意见对征求意见稿进一步修改，形成内部控制规范草案，然后报送内部控制标准委员会征求其意见。⑤内部控制标准委员会审核通过后形成送审稿报财政部会计司审查，审查通过后报财政部等部门会签发布。如果内部控制标准委员会审核未能通过，需要进一步对公开征求意见稿修改完善。

从现阶段我国内部控制规范制定的五个步骤来看，我国内部控制规范制定部门已建立充分运用他人知识的机制，这种机制主要体现在两个方面：①组成了国内咨询专家组和咨询机构参加内部控制规范的制定；②向社会公众征求意见，包括直接向内部控制专家征求意见，以及通过行政力量向社会公众征求意见，拟定征求意见稿。但是，相对于美国准则制定的“充分程序”来说，我国内部控制规范的制定程序在一定程度上还存在不足：①政

府主导的制度形成过程，利益相关者较少参与内部控制规范的制定。由于我国内控规范制定程序的不透明，社会公众很难获取到关于内部控制制定机构到底收到多少意见，以及分别是由哪些人提出的意见，采取了哪些意见等方面的信息。②社会公众参与内部控制规范制定的安排滞后。项目起草组根据实际调查研究和有关研究报告起草讨论稿，并没有向社会公众公开。我国内控规范制定直到最后阶段才向社会征求意见，大大降低了其充分参与、进行广泛讨论的机会。③公众参与的渠道不畅，意见反馈率较低。征求意见稿主要是通过财政部等主管部门下发文件的形式，或者通过专业报纸和专业网站等形式发布征求意见稿，公众参与规范制定的渠道某种程度上还是满足行政要求，导致公众意见反馈率较低。

随着我国市场化改革进程的加快，在管制政策形成过程中要改变过去政府和专家主导型的做法，增加利益相关者参与的渠道，以提高内控规范质量和实施效果，降低政府管制失灵的概率。今后的管制政策制定可以借鉴其他国家的“充分程序”原则在以下几个方面进行改进。

首先，向社会公众公开更多的已有的关于内部控制规范及制定程序方面的知识，特别是美国及其他发达国家的成熟经验，以便社会公众能结合其所处环境，理解内控规范及其相应的利益关系，以及对其利益的影响。

其次，将社会公众参与政策制定的进程安排提前到草案形成之前即起草人起草研究报告阶段，让社会公众尽早了解该草案存在的所有问题和可能的解决办法，使他们能够结合自己所处的环境，对规范的经济后果进行充分和有效的讨论。

再次，建立听证会制度。听证会是使内控规范充分体现利益相关者“一致意见”的途径，在为他们提供发表意见和公开讨论的平台的同时，也向更多的人宣传准则的制定程序和经济后果。在许多情况下，最终出台的法规体现了消费者和企业利益集团之间的一致意见。反映消费者利益的法规能维持对市场的未来参与；反映受管制企业利益的法规能保证企业的生存并减少法规执行的成本。

最后，明确向社会公众征求意见的时间，拓宽征求意见的方式。美国 FASB 在制定会计准则过程中向社会公众征求意见的时间最低限度为 90 天，而我国在内部控制规范的征求意见时间安排方面并没有专门的规定，实际中往往以截至某年某月某日为止说明，这种不稳定的征求意见时间安排，有时也会影响社会公众参与内控规范的讨论，因此我国应该根据国情明确征求意见时间限制。为了扩大社会公众的参与，可以采用报纸、互联网等媒介传递政策制定程序，并向公众适时反馈意见采纳情况。

在我国内部控制信息披露管制供给呈现政府主导的特征背景下，必须通过一系列的制度改革，如增加内部控制监管规范制定主体的广泛代表性和制定程序的充分性来创造内部控制信息披露管制的需求以实现管制的均衡，这样才能使管制政策得以有效实施。只有内部控制信息披露管制需求和供给达到均衡的管制才是有效的管制。

二、内部控制信息披露管制的需求分析

根据利益集团理论的观点，管制也可以看作一种商品，其供给受制于对它的需求。而且，管制制度安排与其他制度安排一样，由需求和供给双方决定。R. A. Posner（1974）认为，将管制看成受基本的供求关系影响的一种产品有助于发现管制对个人和集团的价值的影响因素。因为在其他条件相同的条件下，某种产品总是优先供应给那些出价最高的买主，同时也有助于发现管制的代价。通过对内部控制信息披露管制的供给需求分析可以了解利益相关者对内部控制信息披露管制制度的态度，可以认识管制制度的供给需求水平，有助于确定适应现实环境特征的内部控制信息披露管制模式。同时，通过对内部控制信息披露管制的供需情况及影响因素进行分析，揭示出内部控制信息披露管制的均衡是在管制政策供给和需求中多元政治和经济因素影响下各利益相关者充分博弈的产物。

按照经济学的观点，信息使用者和信息供给者对管制的需求取决于通过管制所能得到的净利益。对于管制的需求，从信息使用者（消费者）的角度来看，每个信息使用者从管制中得到的消费者剩余越多，信息使用者人数越多，对管制的需求也就越大。从信息供给者（生产者）角度来看，每个信息供给者从管制中得到的生产者剩余越多，信息供给者人数越多，对管制的需求也就越大。因此，只要信息使用者和信息供给者可以从管制中获益，他们都会产生对管制的需求。

（一）投资者对内部控制信息披露管制的需求分析

投资者作为企业自有资金的提供者，是企业内部控制信息的主要使用者。投资者向企业投入资金的目的是获得更高的投资收益，包括资本利得和红利，但也承担较大的风险，一旦企业管理不善导致亏损或破产，他们可能连股本都收不回来，首当其冲他们就会成为受害者。因此，通常来讲，他们应当是内部控制信息披露管制需求的主体。首先，内部控制信息披露的有效管制有利于降低投资者的信息收集和甄别成本。在没有管制的情况下，投资者需要采取多种方式验证信息的真实性，加上受投资者个人知识基础、理解能力等因素的影响，往往需要耗费高昂的成本。而对资本市场上的每个投资者来说，如果自己都亲自来收集信息，也会造成整个社会资源的巨大浪费。而通过内部控制信息披露的有效管制有利于提高内部控制信息供给的数量和质量，也有助于减少重复收集和甄别的社会成本。其次，内部控制信息披露的有效管制有助于降低投资者和企业管理当局之间的信息不对称程度。在没有管制的资本市场上，企业管理当局具有信息优势，存在逆向选择和道德风险的可能性，而投资者处于信息劣势，这种信息不对称会增加投资者的风险，损害投资者的利益。而内部控制信息披露的有效管制降低了投资者和企业管理当局之间的信息不对称程度，投资者可以更有效地利用信息进行投资决策，提高资本市场资源配置的效率。最后，内部控制信息披露的有效管制可以减少投资者和企业管理当局之间的信息不对称程度。在没有管制的情况下，企业可能会存在内部交易行为和其他欺诈行为，而通过内部控制信息

披露的有效管制就会极大地降低企业违规披露的概率，最终会使高质量的内控信息提供给投资者，维护资本市场的公平性和公正性。

但是，投资者对于内部控制信息披露管制的需求是有条件的，其必须是内部控制信息的需求主体，而且必须是内部控制信息的有效需求主体。要想成为内部控制信息的有效需求主体必须具备两个条件：一是需求动机，即对信息需求的内在动力，只有内控信息对投资者的利益能够产生影响时，才会形成需求的利益驱动。投资者对企业内部控制有较强烈的需求。投资者在进行投资活动的时候，会考虑内部控制对其投资的影响。特别是受金融危机和企业间竞争加剧的影响使企业风险更加突出，企业是否有健全的内部控制能够有效地管理风险显得格外重要，投资者因此也更加关心企业的内部控制，他们对内部控制信息的需求越来越大。另外，资本市场环境的好坏也会影响投资者对内部控制信息的需求，如果市场上投机盛行，内部交易较多，按照公开披露的内控信息进行交易的投资者不能获得相应的利益，内部控制信息的需求必将不足。二是需求能力，即投资者形成内部控制信息需求的能力。投资者应该拥有一定的财会专业知识和企业管理知识，在能够阅读理解内部控制报告信息的基础上，还要具备一定的分析和判断能力。如果投资者不能做到这一点，那么其对内部控制信息披露管制的有效需求就会不足。在我国，投资者是否是内部控制信息的有效需求主体呢？

首先，对于国有企业来讲，政府仍是大部分企业的主要投资者。虽然我国政府曾作出改革，成立了国有资产监督管理委员会和监事会代表国家对国有资产进行监督管理，但是在实践中没有能真正代表国家行使投资人的权力。国有股权无法真正实现人格化，国有企业所有者虚位使政府作为企业的主要投资者丧失了对内部控制信息的需求动力。

其次，对于资本市场上的中小投资者来说，如果通过获取内部控制信息能够提高其投资收益，则会提高他们对内部控制信息需求的动力。但是，我国资本市场上中小投资者普遍专业知识缺乏，也不够成熟，他们大多数是迷恋投机而不是投资，他们对内部控制信息的需求远远逊于内幕消息。

最后，相对于中小投资者，机构投资者具有资金、信息、技术和专业知识等方面的优势，他们具有内部控制需求的动力，也具有信息需求的能力，因此，他们最有可能形成内部控制信息的有效需求主体。

综上所述，投资者是否能成为内部控制信息披露管制的需求主体不但与国家的政治、经济环境、资本市场的有效程度有关，还与投资者的专业知识水平、成熟程度有关。在目前我国的市场环境下，投资者对内部控制信息披露管制的需求动力不足。

（二）债权人对内部控制信息披露管制的需求分析

债权人将资金投入企业，更为关心自己投入到企业中的本金和利息能否顺利收回。因此，他们需要通过内部控制信息了解贷款企业所面临的各种经营风险和财务风险，以防止由此而引发的呆账和坏账的出现，并阻止其他利益相关者（如控股股东和管理者）对其权益的侵占。在我国，银行是企业债务融资的主要途径。而国有商业银行和股份制商业银行又是企业融资的主要来源，对国有商业银行来讲，政府是其所有者，能对其信贷决策产生有利的影响，但是当其面临较大的投资风险时，政府又会成为其保护伞，所以这类债权人投资风险意识淡薄，缺乏有效的信用风险控制机制，其对被投资企业内部控制信息缺乏足够的需求。而股份制商业银行公司治理较为完善，经营管理和风险控制水平也较高，作为市场中的竞争个体，为了获取较高的资产回报率和股本回报率，这种债权人针对每一项贷款决策，都会对贷款企业进行严格全面的风险评估，以控制贷款风险。而企业内部控制信息又是反映企业风险、财务报告可靠性的重要指标。如果企业内部控制质量较低，就表明企业风险评估、风险应对，以及对风险的控制能力较低，企业的未来经营将面临很高的风险。所以这类债权人为了保护自己的利益，他们是会主动去规避风险，尽可能地规避那些存在内部控制缺陷的公司。与国有商业银行相比，股份制商业银行则更有动力产生对内部控制信息披露管制的需求。

（三）外部审计师对内部控制信息披露管制的需求分析

内部控制信息需求最初源于外部审计师的需要。外部审计师对内部控制信息披露管制的需求源于其为公司内部控制信息披露提供的内部控制审计鉴证服务。内部控制评价是制度基础审计和风险导向审计的重要内容。在早期实施的制度基础审计过程中，注册会计师首先要对被审计单位的内部控制体系进行健全性测试与评价、符合性测试与评价，在此基础上进行实质性测试。在现行的风险导向审计过程中，我国现行的审计准则要求注册会计师通过实施风险评估程序、控制程序和实质性程序，以获取充分、适当的审计证据，在此基础上形成审计意见。其中的风险评估程序涉及通过对被审计单位内部控制的了解以确定对企业重大错报风险的影响，控制程序则是通过对被审计单位内部控制建立健全性和执行有效性的评价，评估控制风险的大小，判断内部控制的可信赖程度，进而确定审计范围、时间和具体程序，控制审计风险，保证审计质量和效率。这说明外部审计师的最终决策往往是建立在被审计单位内部控制基础之上的。外部审计师在进行内部控制审计时，如果存在一套科学的内部控制规范体系做指导，那么他们不仅可以降低审计成本、提高审计效率，而且还能有依据说服企业管理当局放弃一些违规的信息披露行为，从而有助于外部审计师为自身提供有效的法律保护。因此，外部审计师存在对内部控制信息披露管制的潜在需求。但是，需要注意的是，企业管理当局对内部控制信息披露管制的需求直接会影响到外部审计师对内部控制信息披露管制的有效需求。因为只有市场上的企业积极寻求管制，对内部控制审计服务的需求才会越大。审计市场规模越大，外部审计师从提供的优质审计服务中获得的收益越大，对管制的需求就会越强烈。相反，当市场上的企业缺乏寻求管制的激励时，审计对管制的需求就会下降。

（四）企业管理当局对内部控制信息披露管制的需求分析

内部控制的战略目标说明内部控制已经介入企业长期战略的制定过程中，企业管理当局建立内部控制要保证战略方向不偏离预定目标。内部控制有效与否直接关乎企业的长远发展和生死存亡，内部控制的自我评价可以及时使管理当局获取内部控制的有效性信息，进而作出战略性预警，而不是等到由于内部控制的缺陷导致企业经营出了严重问题才作出反应。在资本市场有效条件下，企业管理当局为了降低代理成本、降低筹资成本，增加对企业的评估价值，将有激励向市场传递内控信息，并会主动寻求管制来降低投资者的信息甄别成本。

假设在没有管制的市场上，资本市场上既有好公司也有坏公司。由于管理者具有信息优势，投资者和债权人等处于信息劣势，信息不对称会导致其逆向选择和道德风险，这样会导致以下后果：①投资者要发生信息甄别成本；②将所有的公司都视为坏公司。当投资者发现信息的收集和甄别成本较高时，就会放弃，将所有的公司都视为坏公司，降低对公司市场价值的估值，从而降低股票购买的价格或者提高债务的利率，因此会使公司的融资成本和管理者的代理成本升高。但是如果有管制机构作为对公司披露信息真实性的保证，就会大大降低投资者的信息甄别和证实成本，投资风险随之下降，投资者对公司价值的估值上升，从而能接受以较高的价格购买股票或以较低的利率购买债券，最终会使公司的融资成本和代理成本降低。因此，实施内部控制信息披露管制后，坏公司的信息造假成本会升高，当他们估计到造假成本高于造假收益时，就会披露真实信息。而对于好公司，通过有效管制则降低了市场噪声对其影响。所以，好公司的管理者就有激励寻求管制，愿意按照内部控制基本规范的要求披露内控信息，已将自己与坏公司区分开来。

综上所述，内部控制信息的供给者和内部控制信息的需求者都存在对管制的需求。但是，由于投资者众多，每个投资者主要都以自己的利益为先，考虑到成本的影响，各自对管制都存在搭便车的倾向，再加上前面分析的一些投资者对内部控制信息的需求不足，因此，总体上他们缺乏足够的需求管制的动机，难以形成集体行动去主动寻求管制；而企业管理当局则是一个奥尔森所谓的“小集团”，加上他们比投资者对市场更了解，把握市场的能力更强，相比内部控制信息需求者更容易形成集体行动去主动寻求管制。从某种程度上来讲，企业应当是寻求管制的主要行动集团。但是，企业对内部控制信息披露管制需求也需要具备一定的条件。

首先，资本市场必须能够对企业管理当局形成约束。比如，企业管理当局的利益由企业的市场价值决定，这时企业管理当局就会担心自己在经理市场上的价值和声誉受损，有内在的激励提供真实的内控信息，企业管理当局为了降低融资成本和代理成本，也有动机寻求管制来降低投资者的信息证实成本。其次，对不遵循管制规范的公司要严惩。在颁布的管制规范中，一定要有对违反管制规范的公司严厉的惩罚制度，起到对其他公司警慑的作用，否则会导致管制失效，其他企业也不会主动寻求管制的需求。最后，资本市场中大多数是经营好的公司，这样才有可能形成寻求管制的集体行动，否则，如果经营不好的公司占多数，他们就缺乏动机形成集体行动去主动寻求管制，市场只能处于混同均衡状态。

在我国新兴的资本市场中，公司治理还不完善。首先，管理当局的报酬与其经营业绩的好坏相关，但对管理当局形成的压力不大，所以市场对管理当局产生寻求管制的激励也非常小。其次，我国至今没有关于对内部控制规范的法律规定，也没有对内部控制信息披露不规范的公司的处罚规定，因此，不造假的公司难以有动机去寻求管制。最后，从我国内部控制管制规范制定程序上来看，缺乏社会公众参与的动力，尽管我国在规范制定过程中也向社会公众征求意见，但由于渠道单一，缺少对公众权益的保护，实际执行中仅仅是形式，导致很少对立法工作提出实质性的建议。即使收到公众提出的建议，政府也没有向提出意见的人反馈采纳情况并向社会公开。因此，在内部控制信息披露管制的需求主体中，存在需求不足的特征，这也是我国内部控制信息披露管制效果较差的原因所在。

（五）政府对内部控制信息披露管制的需求分析

政府对内部控制信息披露管制的需求源于政府的社会管理职能，它代表的是社会公众的利益。内部控制信息作为一种信息产品，在资本市场上公开披露，结合公共物品的非分割性、非排他性和非竞争性的特征，内部控制信息具有公共产品的属性。比如，当投资者利用内部控制信息进行决策时，他并不能排除其他人使用该信息；此外，当使用内部控制信息的投资者增加时，不会增加信息披露的成本与收益，因此也不存在竞争性问题。但是，正是由于内部控制信息的公共产品属性，使内部控制信息的供给者提供信息的动机大大减弱，造成生产不足，难以满足内部控制信息使用者的需求，提高了信息供给者和信息使用者之间的不对称程度，从而可能产生不合理的资源配置，降低资本市场的效率，导致市场失灵。因此，为了确保市场对内部控制信息的真正需求得以满足，弥补市场失灵的缺陷，便产生了政府监管部门对内部控制信息披露管制的需求。总之，目前的市场机制本身不可能实现内部控制信息的供给和需求平衡，政府通过加强对内部控制信息披露的监管，使企业的内部控制置于社会公众的监督之下，能够在一定程度上缓解内部控制信息的供需矛盾，降低信息供给者和信息使用者之间的不对称程度，起到保护利益相关者的作用，促进社会公平和效率。

基于上述分析，投资者对内部控制信息披露管制的需求不足，相对中小投资者，机构投资者更可能成为内部控制信息披露管制的有效需求主体；相对国有商业银行，股份制商业银行对内部控制信息披露管制的需求动力更大；由于内部控制信息确实能够影响外部审计师的决策，他们也有动力产生对内部控制信息披露管制的需求；相对投资者，企业管理当局更容易形成集体行动去主动寻求管制；为了社会公众的利益，促进社会公平和效率，政府也会产生对内部控制信息披露管制的需求。

第二节　内部控制信息披露管制效果检验

内部控制信息披露管制政策的颁布在于促使企业提高内部控制信息披露的质量，提高内部控制信息的透明度，降低企业与其他利益相关者的信息不对称，保护利益相关者的权益。因此，内部控制信息披露管制效果的检验直接可以反映为内部控制信息披露质量的好坏，而内部控制信息披露质量的好坏需要采用科学的方法来评价。建立一套完整的内部控制信息披露质量评价制度，是对企业内部控制信息披露实施监管的基础。

一、内部控制信息披露质量指数指标体系构建

（一）内部控制信息披露质量指数的功能定位

内部控制信息披露质量指数是对内部控制信息披露质量科学地评价，其功能如下。

1. 从企业的角度来看

可以帮助企业发现内部控制建设和执行的总体情况及企业在内部环境、风险评估、控制活动、信息与沟通和内部监督等各个要素方面的情况，并及时对可能存在的缺陷和不足采取措施，完善薄弱环节，确保企业的内部控制处于有效的运行状态，进而提高其风险管理水平。

2. 从利益相关者的角度来看

内部控制信息披露指数有利于投资者对不同公司的内部控制水平进行比较，评估投资对象可能存在的风险，提高其科学决策的水平。

3. 从监管者的角度来看

内部控制信息披露质量指数的建立有利于政府监管部门及时了解监管对象内部控制体系建设和内部控制制度执行情况，为进一步完善相关法律法规体系建设提供参考和依据。

内部控制信息披露指数定量地衡量了企业的内部控制信息披露程度，信息披露存在的问题，给政府监管者直接传递的信号是如何使各企业披露的内控信息具有可比性，要着重统一内部控制信息披露的格式、内容，以及明确在今后的工作中需要着重解决的问题。对规范现阶段我国资本市场运行及推动我国经济的可持续发展有着积极而深远的意义。

4. 从理论研究的角度来看

内部控制信息披露质量指数的构建将会打破现阶段制约内部控制研究的“瓶颈”。内部控制信息披露质量指数作为一种量化内部控制信息披露质量的工具，将为内部控制实证研究建立平台，使内部控制理论研究与实证研究相结合，促进内部控制研究由理论层面的研究逐渐转化到量化研究和实务研究，不断丰富内部控制研究的内容。

（二）内部控制信息披露质量指标评价体系的设计

在建立内部控制信息披露质量评价体系时，其指标设计应遵循以下原则。

1. 理论与实际相结合原则

内部控制信息披露质量指标在选择时既要能够反映我国企业内部控制基本规范中规定的内部控制信息披露内容，又要能够切实反映我国企业内部控制信息披露的现状。由于我

国企业内部控制信息的强制性披露实施时间较短，在披露过程中存在较多问题，在设计内部控制信息披露质量评价指标时应充分考虑这一现实。内部控制信息披露质量指标应符合各行业的特点、企业本身的性质及内部控制规范等要求，确保能够准确、合理、全面地反映内部控制信息披露的情况。这是内部控制信息披露质量评价体系设计的基本出发点。

2. 全面性原则

公允、完整、可比的内部控制信息是企业利益相关者决策所需要的，内部控制信息披露质量指标体系应能够全面反映内部控制信息的公允性、完整性和可比性，以对其质量作出客观的评价。评价体系的设计应从整体上、全局上考虑各指标之间的联系，尽量做到不重复、不遗漏。同时，作为一个完整的评价系统，各个评价指标在时间、空间范围等方面应相互联系，互为补充，确保评价系统的连续性和完整性。

3. 客观性原则

一个完整的内部控制信息披露质量评价体系应该包括内部控制信息披露质量的评价指标、指标的评价标准、指标权重的设计等。由于指标的选取和指标权重的分配都存在主观判断的可能性，在指标选取时，尽量遵循内控规范规定的信息内容来设计，在指标权重分配时，采用信息熵模型客观确定的方法来对指数进行构建，以使评价体系更具客观性。

（三）内部控制信息披露的外部性与利益相关者权益保护

外部性是经济学当中一个重要的概念，但是至今仍然难以对其进行明确的界定。不同的经济学家给出了不同的定义，但归纳起来不外乎两类：一类是从外部性的产生主体来定义；另一类是从外部性的接受主体来定义。

对于会计信息的外部性，是指会计主体所披露的会计信息使信息使用者发生的额外成本或取得的额外收益。但是，要研究会计信息披露的外部性应当明确其参与主体，究竟是谁对谁施加了外部性？据此，可以将会计信息披露的外部性定义为：由于会计信息披露主体对会计信息的不当披露所导致的其他利益相关者（会计信息披露外部性的承受主体）的经济利益偏离其应得经济利益的差异。在此基础上，我们将内部控制信息披露的外部性定义为：由于内部控制信息披露主体对内部控制信息的不恰当披露所导致的其他利益相关者（内部控制信息披露外部性的承受主体）的经济利益偏离其应得经济利益的差异。

从利益相关者利益保护的角度来看，内部控制信息披露的外部性无论是正的还是负的，都会使一部分利益相关者侵占另外一部分利益相关者的利益。只是当内部控制信息披露是正的外部性时，内控信息的不恰当披露使外部性接受主体受益，而使外部性施加主体受损；而当内部控制信息披露是负的外部性时，内控信息的不恰当披露会使外部性施加主体受益，而使外部性接受主体受损。由此分析，内部控制信息披露的外部性越大，意味着内部控制信息的不恰当披露导致的企业利益相关者之间（内控信息披露主体和内控信息披露主体之外的其他利益相关者之间）的利益侵占越严重，内部控制信息披露的质量也就越低。高质量的内部控制信息应该是使内部控制信息披露的外部性趋向于零，只有内部控制信息披露的外部性为零时，各利益相关者所获取的利益才是其应该所得到的利益，此时，利益相关者的权益得到了保护。

（四）利益相关者权益保护导向的内部控制信息质量特征

1. 利益相关者权益保护观下的会计信息质量特征框架

虽然目前理论界和相关机构对透明度这个概念并没有一个统一的理解，但都认可将其作为会计信息质量判断的标准。透明度的含义不能无限制地扩大，否则在实践中不易操作，便失去了它应有的应用价值。既然透明度是针对财务报告提出的，它就应遵守财务会计的边界，作为反映会计信息质量的重要标准，而不宜扩大到与企业信息有关的所有内容。评价企业财务报告质量标准应包括财务信息内容的质量和财务信息表述（含披露）的质量两个方面。因此，财务报告透明度的范围包括财务报告内容质量特征和财务报告列报质量特征。

透明度的原意是指某种物质透光的能力，它本质上是能够真实地反映物质透过光线的性质或情况。如果把透明度这一概念借用到社会科学领域，则是指某件事情的公开程度。透明度包括结果公开和过程公开两个层次。在资本市场有效的监管环境下，透明度能够很好地体现“公开、公正、公平”。如果要用透明度作为描述会计信息应该具备的质量特征，则是指会计信息要真实客观地反映企业的经济事实，无论好坏，企业都不能以任何形式掩饰企业的会计信息，使会计信息的使用者能够透过现象看到本质。

会计透明的主要目的就是保护利益相关者的合法权益，只要会计信息存在信息不对称，强调会计信息的透明性就非常必要。透明性就是充分披露应该披露的会计信息。高质量的会计信息在保护利益相关者权益方面发挥重要的作用，在会计信息披露违规行为和盈余管理盛行的今天，利益相关者对会计信息质量提出了更高的要求，因此，会计信息透明度问题越来越受重视。在梳理借鉴决策有用观和投资保护观下的会计信息质量特征后，提出把透明度作为权益保护观下会计信息质量的主要特征。为了将透明度这一较为抽象的概念转化为可以度量的质量评价指标，本节研究以权益保护观为基础，提出了以透明度为目标的会计信息所应具备的质量特征框架。在此框架中，高质量的会计信息是高透明度的会计信息，应首先是公允性和充分披露的企业会计信息，并在满足公允性和充分披露的前提下，满足会计信息的决策相关性。

2. 利益相关者权益保护导向的内部控制信息质量特征框架

我们认为，虽然会计信息与内部控制信息存在一定程度的差异，但是仍可以借鉴目前比较成熟的会计信息质量特征框架帮助我们构建企业内部控制信息质量特征框架。这里，借鉴上述会计信息质量特征，我们认为高质量的内部控制信息质量特征包括三个基本质量特征——充分披露、公允性和可比性。

权益保护观下的内部控制信息披露的质量主要取决于内部控制报告是否向主要利益相关者进行充分而公允的披露。因此，这种充分而公允的披露就是所谓的利益相关者权益保护原则。权益保护观认为高质量的内部控制报告应提供充分而透明的内控信息，而不应使信息使用者困惑或产生误导。

（1）充分披露

内部控制信息的充分披露，是指企业必须把有利于投资者及其他利益相关者决策的内部控制情况信息充分而公允地对外报告。内部控制信息的充分披露存在三个次级特征：完整性、明晰性和重要性。完整性是指按照规范的要求对内控信息要进行充分的披露。内部控制五要素相互联系、彼此融合，形成了一个完整的框架。内部控制目标体系中的每一目标的实现都是内部环境、风险评估、控制活动、信息与沟通和内部监督这五个要素构成的一个控制体系发挥作用的作用，在这个过程中每一因素都可能影响到其他任一因素。因此，判定某一内部控制系统是否有效，需要在评价内部环境、风险评估、控制活动、信息与沟通和内部监督五个要素是否存在，以及是否有效运行的基础上作出判断。这些内部控制要素的设计及有效运行就成为内部控制有效的确立标准。因此，内部控制信息披露的内容不仅要包括内部控制设计的信息，还要包括内部控制执行情况的信息。具体包括内部控制五要素实质性信息的披露情况。明晰性也称可理解性，是指内部控制信息应该毫不掩饰地、明明白白地全部反映出来，与之相对立的概念就是晦涩难懂。内部控制信息能否对利益相关者有用，取决于利益相关者能否理解所获得的信息及信息本身是否易于理解。明晰性是对任何报告的基本信息质量要求，在该信息质量特征下，由于内部控制信息具有较强的专业性，因此企业有必要在内部控制报告中对相关术语和专业信息进行适当的说明和解释，建议通过单独披露内部控制报告以及直观的图表等形式来提高内部控制信息的可理解性。重要性是指在成本效益原则下，对重要内部控制信息进行充分的披露。如规范要求的内部控制缺陷认定标准信息，内部控制缺陷信息，内部控制缺陷整改情况信息等内容。只有企业充分披露包括五大内部控制要素在内的内部控制信息，才能提高提供内部控制信息的透明度，这也是维护资本市场公平公正，保护包括投资者在内的利益相关者利益的关键所在。

（2）公允性

内部控制信息披露的公允性是指企业应该按照与内部控制信息披露有关的法律法规如实客观、公平反映企业内部控制制度建立和执行的情况。内部控制信息披露的公允性是企业利益相关者评估自身风险、进行相关决策的重要依据，也决定了利益相关者权益受保护的程度。内部控制信息的公允性是企业内部控制信息披露质量的重要保证，但是现阶段由于内部控制缺陷认定标准的缺乏，许多企业往往不披露内部控制重大缺陷，或者故意将重大缺陷视为重要缺陷，重要缺陷视为一般缺陷，严重损害了企业各利益相关者的利益。

内部控制信息的公允性也存在三个次级特征：真实性、可验证性和及时性。真实性是指一项计量或描述与其所要反映的经济事实一致或吻合。可验证性是指当由合格的、独立的第三方运用相同的内部控制评价程序和方法，能够得出与管理层自评报告大致相同的结果时，则表明该内控信息具有可验证性。及时性是指内部控制信息在失去其价值之前，就为企业的利益相关者所拥有。内部控制信息披露的及时性是指企业应在法定期限内公开披露内部控制的相关信息。在资本市场上，信息最大的价值体现为它的时效性，所有市场参与者如果都能及时地获得相关信息，市场才有可能是公平和有效的。从企业管理层的角度分析，及时披露公司发生的重大事项和变化信息，可以使公司股价根据新的信息及时作出调整，保证资本市场的连续和有效；从投资者角度分析，及时披露可以使投资者依据最新信息及时作出投资决策，避免因信息不对称而遭受损失；从监管者的监督来分析，及时披露可缩短信息未公开的时间，进而缩短内幕交易者可能进行内部交易的时间，减少监管的难度和成本。不及时的信息披露除了对内幕交易者有利之外，对其他利益相关者损害则较大。总之，及时的信息披露一方面可以降低内幕交易的可能性，促使交易的公平；另一方面可以将公司的价值准确地反映给市场，提高资源配置的效率和整个资本市场的有效性。

（3）可比性

可比性是指信息使用者能从两组对象中区分其异同的质量特征。可比性包括横向可比和纵向可比。横向可比是指同行业或具有相同和类似特征的企业尽可能采用相同的内部控制制度，内部控制流程或要素尽可能采用相同的评估方法。而纵向可比是指同一行业或企业前后各期尽可能采用相同的内部控制制度，前后各期的评估方法也要尽可能地保持一致。总之，在可比性质量特征的要求下，内部控制信息的报告目标、内容、形式、报告期间、评价依据和范围、评价程序等方面应具有一致性。但在企业面临的经济环境和制度发生变化时，并不妨碍企业根据实际情况采用新的评价程序、评价方法和报告形式等，只是需要企业提供发生这种改变的原因及对企业可能产生的影响。

（五）利益相关者权益保护观下的内部控制信息披露质量指标评价体系构建

从高质量的内部控制信息质量特征包括两个基本质量特征——充分披露和公允性，以及一个重要质量特征可比性出发，建立了包括 3 个一级指标、6 个二级指标、22 个三级指标的内部控制信息披露质量评价指标体系。

一级指标包括充分披露性指标 A1、公允性指标 A2 和可比性指标 A3。充分披露指标 A1 是指内部控制报告应提供充分而透明的内部控制信息，为企业内、外部利益相关者服务，包括内部控制五要素披露的内容、内控缺陷披露的内容和内控信息披露的形式等方面。公允性指标 A2 是指内部控制信息披露要真实、客观，包括可验证性、真实性和及时性三个方面内容。可比性指标 A3 是指关于内部控制信息的披露内容、形式、评价依据和范围、评价程序和方法等前后期间应保持一致性，以利于投资者等利益相关者作出决策。

二级指标中，完整性指标 B1 是指内部控制信息是否按照内部控制规范要求对内部控制五要素内容进行了实质性的完整披露；重要性指标 B2 是指企业是否详细披露了内部控制缺陷情况及内控缺陷整改情况；明晰性指标 B3 是指企业内部控制报告是否以单独报告的形式披露以及是否以通俗易懂或流程、图表的形式进行披露；可验证性指标 B4 是指外部独立审计机构的鉴证质量对企业内部控制信息可靠性的影响；真实性指标 B5 是指公司内部治理结构对内部控制信息公允性的影响；及时性指标 B6 是指企业是否及时地对外披露内部控制报告及内控缺陷信息。

第三节 内部控制信息披露管制框架体系的再设计与政策建议

一、我国内部控制信息披露管制体系的整体框架

在构建我国内部控制信息披露管制体系时，为了确保内部控制信息披露管制目标的实现，既要遵循一定的管制原则，又要考虑整个框架的整体性和系统性。

（一）内部控制信息披露管制体系构建的基本原则

内部控制信息披露管制体系构建时需要遵循以下基本原则。

1. 适度监管的原则

适度监管的原则，是指政府对内部控制信息披露的监管应控制在合适的范围和合理的程度之内，既不能监管过度，同时也不能完全放任自流，而应当通过制定合适的制度规则，采用合理的监管强度，修补市场失灵的缺陷，以实现内部控制信息的有效供给。适度管制要求规定企业信息披露的最低限度，会计信息一经披露则必须具备规定的质量条件，这是对会计信息披露的强制性规定，但并无披露上限，企业也可根据需要自主披露信息，这是自愿性的信息披露。适度管制实际上是自愿性信息披露与强制性信息披露的有机结合，是两者在实现资本市场目标过程中的均衡。实际上，如何确定内部控制信息披露的“度”是一个比较难的问题。我们只需根据我国政府监管的基本理论和内部控制信息的基本特性，严格限定我国内部控制信息披露监管的范围即可。

2. 内部监管与外部监管相结合的原则

内部控制信息包括管理层对内部控制的自我评价报告和注册会计师对内部控制的审计报告。内部控制信息质量的提高离不开对内部控制信息的生成、报告和披露各个环节的监管。内部监管是指公司内部对内控信息的生成和披露进行监控。内部监管主要是通过公司治理结构和内部审计监督来实现的。外部监管是指公司外部对会计信息的生成和披露进行监控，主要是通过注册会计师审计和政府监管来实现。内部监管是外部监管的微观基础，外部监管是内部监管的保障和补充。

3. 过程监管与结果监管相结合的原则

内部控制信息的过程与它的结果一样重要。过程监管是指对内部控制信息的生产过程进行监控，促使公司形成真实可靠的内控信息。结果监管是指对内部控制信息的披露进行监管，促使公司管理当局说真话。过程监管是一种“事中控制”，往往可以将不利的事项遏制在萌芽状态，大大降低内部控制信息质量低下导致的负面影响。而结果监管往往是在

不利的事项对社会造成的负面影响或损失已经发生了的情况下才采取措施，它是一种“事后补救”，不利于防患于未然。因此，只有坚持过程监管与结果监管相结合的原则，才会促使公司生成和披露“真实而公允”的内部控制信息。

4. 政府管制与自律管制相结合的原则

在现代市场经济环境中，各国对证券市场的管制均不会是严格的政府管制或完全的行业自律管制，而是呈现出市场、政府管制和自律管制相结合的方式，其中体现出以某种具体管制模式为主的特征。内部控制信息披露的管制也必须注重政府管制和自律管制的有机结合，由此构建一种完整的内部控制管制体系。即使行业自律管制比较悠久而且发挥重大作用的国家，政府管制也正成为整个证券市场管制框架中不可或缺的主体。因此，我国作为新兴的证券市场国家，对内部控制信息披露的管制更应强调政府的集中统一管制地位，同时兼顾行业自律组织的权力行使。

5. 保护利益相关者利益的原则

证券市场的健康发展离不开市场上的各资源拥有者的资源投入，而投入的目的是获取与之相对等的利益。而与企业的管理层相比，投资者等其他利益相关者一般处于信息劣势，管制者必须以减少甚至消除市场竞争中的信息不对称作为管制的标准，消除证券市场上的信息操纵、欺诈等问题，促使企业真实披露会计信息包括内部控制信息，切实保护利益相关者的利益。这也必将扩展市场深度，减少逆向选择和道德风险，并在市场的正常运行中产生社会收益。

6. 充分程序原则

充分程序是指为了使管制政策充分体现各利益主体的利益，要通过社会公众的广泛参与、举行公开听证会的形式采纳各方的意见。这种机制是在管制规则制定时，给各利益相关者提供一个公平、透明的参与机会和平台，体现了法律程序的公正思想。因此，在进行内部控制信息披露管制时引入“充分程序”，实际上是对相关各方利益冲突协调的一种有效方式。这样，作为内部控制信息需求方（主要是投资者）和作为内部控制信息供给方（主要是供给者）共同参与的管制规则的制定能够充分体现投资者和管理者的利益，可以极大地减少管制的执行成本，提高管制的效果。而且，由于听证是管制机构收集信息的一种主要机制，因此，举行听证会还可以降低管制者收集信息的成本，从而降低管制成本。

7. 关注管制的经济后果原则

对内部控制信息披露管制的目的是证实内部控制目标有没有实现，因此，在管制实行后需要对管制的效果进行评价，在此基础上不断修正内部控制信息披露规范。财务呈报管制产生的经济后果可以归纳为：①投资者和其他人之间的财富分配；②所招致风险的累计水平和个体间的风险分担；③对资本形成速度的影响；④资源在企业间的配置；⑤用于披露的生产、鉴证、传播、处理分析和解释的资源；⑥用于披露管制的开发、执行、生效和诉讼的资源；⑦民间机构用于收集非公开信息的资源。上述研究结果表明，管制者必须认真考虑管制可能带来的经济后果，并在管制实行后对其效果进行评价。

此外，管制主体在进行内部控制信息披露管制时，还要考虑管制的社会成本和效益原则，在实施新的管制规则时注意其与旧规则的连贯性和承接性。

（二）我国内部控制信息披露管制体系的整体框架

根据前面文献分析我们知道，我国目前关于内部控制信息披露监管的研究主要局限于如何完善监管制度的制定和执行方面，而没有从全面的角度展开研究，更重要的是没有建立一个系统的管制框架体系。

内部控制信息披露管制本身是一项复杂的综合性的系统过程，因此，应从系统论的角度来构建我国内部控制信息披露管制框架体系。按照系统论的观点，系统是指由若干相互联系、相互作用的部分组成，在一定环境中具有特定功能的有机整体。一个完整的系统应该具有五个方面的特点：①整体性。任何系统都具有一定的功能和目的，系统各要素之间的相互关系及要素与系统之间的关系应以整体为主进行协调，局部服从整体，使整体效果最优。②集合性。一个系统至少由两个或两个的子系统构成，它是一个有机的整体，并非几个子系统的简单归集。③层次性。系统的结构是有层次的，每一个复杂的系统都是由若干个子系统组成，而子系统又包括若干个更小的系统。④相关性。系统内各子系统之间存在相互依存、相互制约的关系，一方面表现为子系统同系统之间的关系，系统的发展是子系统存在和发展的前提；另一方面表现为系统内部子系统之间的关系，某一子系统的变化会影响另一些子系统的变化。⑤环境适应性。系统不是孤立存在的，它总是在一定的环境中存在和发展。如果系统和环境进行物质、能量和信息的交流，系统才能保持最佳的使用状态。系统对于环境的适应并不都是被动的，而是能动的，系统可施加作用和影响于环境。

内部控制信息披露管制体系应该按照系统的要求构建，既要重视管制目标，又要重视整体，强调整个系统的最优化而不是某个或某些组成要素的最优化。因此，在设计内部控制信息披露管制框架时，不仅需要全面考虑环境的影响，突出开放性，而且需要从整体效果最优的角度强调系统各组成要素的相互关系，强调整体性。我们认为，一个完整的内部控制信息披露管制框架体系应该涵盖五个问题：①管制目标，即通过对内部控制信息披露的监管应该达到什么样的目标。这一方面的问题涉及内部控制信息披露的监管应该如何定位；终极目标是什么，中间目标是什么，具体目标是什么，它们之间存在什么关系等问题。②管制主体，即由谁来对内部控制信息披露进行监管。这一方面的问题本质是监管主体安排与监管权责配置问题，是保持现状还是进行改革。如果保持现状，是以财政部为主还是以证监会为主，它们之间的权责如何协调等。③管制客体，即应该对谁进行监管。也就是说，对内部控制信息披露监管应该落实到某个主体的披露行为，涉及对某个主体的违法、违规行为如何进行惩戒的问题。④管制内容，即具体是什么样的内容要纳入监管的范围。具体来说，是仅仅包括内部控制信息的生产、披露和使用等，还是包括其他内容等。⑤管制手段，即采用什么样的手段来实施监管。具体来说，是采用法律手段，还是行政手段，或者其他手段。当然采用不同的手段，发挥的监管作用也将不同，我们需要选择既符合我国国情又有利于提高监管效率的手段。

综上所述，拟设计的内部控制信息披露管制框架体系包括管制目标、管制主体、管制手段、管制客体和管制内容等系统要素。

二、内部控制信息披露管制主体的设计

我国对内部控制进行监管的部门众多，有关内部控制的指导原则、规范和指引也出自不同的政府部门。因此，在我国现有的内部控制管制体系中，关键问题是如何协调各个负责内部控制信息披露管制的政府职能部门的监管工作，使各个监管部门的监管信息实现共享，建立监管合作机制，建立协调监管的定期工作制度，从而提高监管工作的效率和质量。其实就是内部控制信息披露管制主体的设立和职权安排问题。会计监管问题很大程度上是因为中国企业会计监管现行模式中监管主体结构与监管权责配置等"结构性"问题所导致的。根据我国内部控制信息披露监管的实际，我们认为目前需要解决的问题主要有三个：一是如何发挥非政府资源在企业内部控制信息披露中的积极性；二是如何监督监管者的监管行为；三是如何协调不同监管机构的监管行为。

根据管理学的理论观点，管制组织结构的设立是否合理有效主要取决于三个方面的要求：第一，组织结构横向和纵向的分布要合理。横向结构是指按工作业务性质所作出的平行部门之间的分工；而纵向结构是指组织内上下级之间的管理层次的构成及管理者所管理的人数。管理的实践证明，管理幅度过宽或者过窄和管理层级的过多或过少都会降低管理的效率，不利于公司目标的实现。第二，要明确组织中各部门的工作职责和权限范围，以保证各部门员工能够明确工作任务，各司其职，避免工作重复或者扯皮推诿的事情发生。第三，各部门之间要分工协作，共同实现组织目标。分工是效率的保证，但同时更要重视协作，只有各部门明确分工、积极协作，才能实现组织整体效率的提高。鉴于以上观点，要想解决目前我国内部控制信息披露管制主体之间存在的问题，关键就是建立一个能够有效协调和履行监管职能的日常管理机构，并且明确该管理机构的职责权限范围。在横向上，通过该机构的协调促使各个管制主体之间信息的沟通共享和职能上有效分工；在纵向上，通过该机构的监督形成各个管制主体监管行为的进一步规范。

考虑到我国管制模式的实际和制度改革的成本，不宜对我国内部控制管制的主体进行根本性的改变。适当地调整中国企业内部控制信息披露监管主体结构与监管权责配置，以有效地解决现行管制模式中存在的问题，是唯一现实可行的选择。因此，我们建议以利益相关者权益保护为监管理念，设立一个企业内部控制管制委员会，以解决现行的企业内部控制信息披露管制中存在的主要问题。

企业内部控制管制委员会应具有足够的独立性、权威性和广泛的代表性。为此，在组

织设计方面，由全国人民代表大会和国务院牵头，赋予其合理的监管权责；在资金来源方面，企业内部控制管制委员会所需经费可由国家预算予以保证；在人员构成方面，可以考虑通过制定相关的标准，从政府机构、高等院校、企业、中介机构等中予以选拔。按照我们的设想，设立的企业内部控制管制委员会通常情况下并不拥有和承担对企业内部控制信息披露进行直接监管的权力和责任，对其实施直接监管的权责仍然维持现行的管制安排。

我们认为，在上述这样一种设想下，从制度变迁的角度来看，具有较强的可行性。首先，上述管制主体架构是对我国目前内部控制管制的一种渐进式改进而非根本性改革，符合我国内部控制发展的实际和监管工作的特色，不会导致现有管制体系内各管制部门分工的结构性变化。其次，全国人大具有监督政府机构运作的功能，且未对现行权责格局作重大调整，无须重大的法律法规的修改，节省大量的制度变迁成本。最后，企业内部控制管制委员会的设立，从职责和功能上来讲，可以较好地解决中国企业内部控制信息披露管制模式中几大主要问题，即非政府资源在内部控制管制中的参与问题，如内部控制规范的制定等；不同管制机构监管行为的协调问题；管制者的角色冲突与目标冲突等所带来的管制者行为的监督问题。

三、内部控制信息披露管制的客体

内部控制信息披露管制的客体是指内部信息披露管制行为所指向的对象。内部控制信息披露管制的客体也是监管活动的核心。从逻辑关系来看，因为有了管制的对象，所以才需要进行监管，因此管制客体是管制活动的内在动因。

企业既是内部控制信息披露的主体，也是内部控制信息虚假披露的主体，因此企业应该是内部控制信息披露管制的对象。但是对于企业来讲，其内部控制信息披露并不是会计人员的个人行为，也不是会计机构的集体行为，而是整个单位的组织行为。企业发生隐瞒内部控制缺陷信息或其他舞弊行为的，很大程度上并不是由会计人员或者注册会计师造成的，而是来自企业管理层的压力和指使。内部控制信息是企业高管层对内部控制质量的自我评价，由于内部控制缺陷披露类似高管层“自暴家丑”，出于“利己”目的的考虑，高管层可能不会对自己的行为和能力予以否定，特别是在我国缺乏对内部控制缺陷信息量化标准的前提下，因而会隐藏内部控制缺陷信息。高管层的内部控制信息披露动机选择取决于公司治理环境的强弱。因此，为了防止企业管理层隐瞒内部控制缺陷信息或对内部控制信息进行虚假披露，就需要对企业特别是企业管理层进行监管，确保企业公允、及时、完整、充分地披露内部控制信息。

四、内部控制信息披露管制的内容

内部控制信息披露管制的内容其实就是“要管制什么”的问题，也就是明确制定某项监管政策的直接目标是什么，以便清晰地界定监管的对象和范围。就企业内部控制而言，就是通过内部控制信息披露监管促进企业加强内部控制体系建设，一方面从根本上解决会计信息失真、财务报告舞弊的顽疾，另一方面也是为了更好地降低企业管理层与投资者等利益相关者决策时的信息不对称程度。内部控制信息披露管制的内容应包括企业管理当局对内部控制建立和执行情况的自我评价报告和注册会计师对内部控制有效性的审计报告。

内部控制信息作为会计信息重要的组成部分之一，对企业、政府、投资人、债权人和其他利益相关者的决策有着重要的影响，根据其对利益相关者的影响程度不同可分为积极的作用和消极的作用。积极的作用是指内部控制信息披露能公允反映内部控制设计和执行效果信息，充分考虑利益相关者（特别是投资者）的信息需求，有利于投资者的决策，进而会使市场资源得到合理的配置，有助于帕累托最优的实现，因此，将内部控制信息作为管制的内容是符合内部控制信息披露管制的最终目标的。消极的作用则是由企业不恰当的内部控制信息披露引起的，常见的有三种情形：不披露、选择性披露和虚假披露。不披露是指企业形式上按规定进行了披露，但内容实质上并没有披露，或者为了节省成本不披露内部控制信息的相关内容；选择性披露是指企业为了争取对自己有利的市场环境只披露好的信息，不披露坏的信息，如很多企业对内部控制缺陷甚至重大缺陷不作披露；虚假披露是指企业披露虚假的内部控制信息，如将原本存在重大缺陷甚至是无效的内部控制描述成健全有效的内部控制。上述三种情形无论是哪种情况发生，都将误导信息使用者的投资决策，最终结果都是损害资本市场的健康发展，导致资本市场资源配置的低效率。这也正是内部控制信息披露管制的重点所在。

综上所述，内部控制信息披露管制内容主要是对企业披露的内部控制信息数量和质量的监管。内部控制信息质量监管是指对内部控制信息的透明性、公允性（可靠性）、相关性和可比性进行监管，保证内控信息不存在严重误导；内部控制信息数量监管是指对内部控制信息的完整性和充分披露进行监管，使内控信息不存在遗漏。政府监管部门在对企业内部控制信息披露情况监管时，应当充分考虑内部控制信息的积极影响，尽力消除其负面影响，促使企业披露高质量的内部控制信息。

五、内部控制信息披露管制的手段

内控信息披露管制手段是监管当局实施监管的工作方法的总称，是信息披露监管方式的具体体现。应该说目前法律法规是政府实施内部控制信息披露管制的主要手段。但从实践的角度来看，内部控制信息披露管制的手段有法律手段、行政手段和技术手段，引导自律管制和他律管制手段，这些监管手段相互补充、相辅相成，组成内控信息披露管制手段系统。

（一）法律手段

法律手段是指国家通过严格的立法和执法形式来规范企业的内部控制信息披露管制行为。内部控制信息生产、报告和披露各环节中的参与主体要按法律规范来进行，通过立法和执法抑制和消除他们的欺诈、舞弊等不实信息披露的行为。但我国目前仅仅发布了内部控制基本规范和内部控制配套指引，该规范为完善企业内部控制和内部控制评价提供了方向性指引，但没有一个完整的法规框架提供具体指南，从而影响了其效力的发挥。

（二）行政手段

行政手段是指国家通过行政机构，如财政部、中国证监会等，采取带强制性的行政命令、指示和规定等措施，来调节和管理企业内部控制信息披露行为的手段。

（三）技术手段

技术手段是指政府或行业组织通过颁布和制定内部控制信息披露的规范、制度和指导意见、规范解释文件来对企业内部控制信息披露进行监管。自 2001 年至今，财政部、中国证监会、金融监管总局、国务院国资委等发布了一系列与内部控制有关的规章和规范性文件，但这些规章和规范性文件相互之间存在重复或冲突，而不是一步步地深化和完善。因此，需要不断地改进和完善与内控有关的法律法规体系这一政府监管手段，协调各规范之间的关系，以保证内部控制监管目标的实现。

（四）引导自律、他律管制机制

引导自律管制是指在政府的引导和监督下，由自律组织进行管理的管制模式。政府的关键作用在于把握政府管制和自律管制之间的平衡，自律管制虽然可以及时地改进行业内出现的新问题并代表整个行业的利益制定可行的规范，但是政府的引导和管理也是有必要的。与政府管制相比，自律组织来自市场、接近市场、了解市场，其优势在于往往能及时发现市场中存在的问题，因此，在政府监管机构对内部控制信息披露监管的同时，也要重视自律管制的作用，重视发挥证券业协会和证券交易所等自律组织的作用。但要把自律管制放在一线监管的地位，必须赋予自律组织必要的职权，否则自律组织就会成为“无牙的老虎”。自律组织可以提供一套有价值的、灵活的、有效的机制，确保市场诚信、交易透明和保护投资者利益。因此，凡是自律组织可以发挥作用的地方，政府应当减少不必要的干预。政府管制与自律管制应做好分工，使自律组织和政府监管在各自的职权范围内行使其权力。政府引导下自律管制的特点在于既要发挥自律管制的优势，代表整个行业的利益，又充分利用了政府的指导监督作用，目前世界各国的管制模式都在向这一模式靠近。此外，政府在引导自律管制之外，还要推行他律管制机制，如社会性监管和投资者监管。社会性监管的优势在于监督主体的广泛性、反应的迅速性，可以弥补政府监管的精力有限、行政化倾向、与市场机制冲突的问题。越来越多的证券市场欺诈行为为媒体所揭露，就是社会监管逐渐进入证券市场的证明。

六、优化内部控制信息披露管制制度的政策建议

企业内部控制体系建设的好坏关乎着企业经营和发展的各个方面，因此，企业内部控制设计和执行方面的信息越来越受到企业利益相关者的关注，越来越有助于他们作出更为恰当的决策。根据对内部控制信息披露管制存在问题的分析，结合内部控制信息披露质量

的调查检验和研究结论，同时借鉴一些国家内部控制信息披露管制的经验，对优化我国的内部控制信息披露管制制度提出如下政策建议。

（一）强化企业内部监管，完善内部控制信息披露机制

从我国近几年出现的财务报告舞弊案件来看，绝大多数都是缘于公司管理层的违规操作，因此，从企业内部加强对内部控制信息披露的监管具有重要意义。内部控制实施和建设的主体是企业，内控设计和执行有效与否取决于企业内部控制监管的好坏，是否与企业自身的管理相协调。企业内部监督管理是指由企业自身成立的内部审计机构或审计部门通过“制度控制”“过程控制”“系统控制”的方式监督和管理企业内部控制，从而保证从设计到运行的合理性和有效性。

1. 积极建立健全内部控制实施组织体系

企业内部控制环境决定了企业的基调，影响着企业员工的控制意识，也是其他内控要素的基础，控制环境的好坏直接影响内部控制实施的效果。因此，内部控制建设对企业来说是重中之重，企业管理层应提高内部控制建设工作的重视程度，身体力行地贯彻执行内部控制。重要的是要建立健全内部控制实施体系，成立企业内部控制领导小组和管理机构，明确划分各管理层的工作权限和职责，合理有效地配置资源，为企业实施和完善内部控制建设提供强有力的组织保障。

2. 提高内部控制自我评价工作的独立性

企业内部控制建设过程是一个循序渐进、不断提高和完善的过程。而对内部控制的科学评价有助于及时发现内控建设中的问题、避免内部控制流于形式，提高内控建设工作的实效。所以，企业应结合自身实际，建立和完善企业内部控制评价工作，成立独立性较强的内部控制评价部门。可以建立由董事会领导的独立内部控制自我评价机构，并充分利用内部控制评价的结果不断调整和完善内部控制体系。

3. 加强内部控制的信息化建设

随着信息化和网络化的不断发展，企业面临的外部环境发生了重大变化，企业管理的信息化成为现代企业发展的必然趋势。随着企业内部控制建设与企业自身管理相结合，信息化建设已经成为企业内部控制体系的一项基础性工作，这使企业内部控制体系建设成果得以有效的运用。由此，企业应从实际出发，结合所处行业性质和特点，全面推进企业内部控制制度规范化、流程信息化，不断完善企业内部控制管理系统，促进企业管理水平的提高。

（二）强化中介机构监管，完善中介机构尽责机制

在企业的信息披露制度体系中，会计师事务所、律师事务所和证券信用评级公司等专业性中介机构对内部控制信息披露的监督起着重要的作用。证券市场中介机构作为为证券发行与交易提供服务的机构，是联结证券投资人和筹资人的媒介，沟通了证券需求者与证

券供应者之间的联系，不仅能够确保各种证券的顺利发行和交易，还能起到维持证券市场秩序的作用。证券市场中各参与主体如企业、投资者、债权人和监管者之间存在信息不对称，而信息不对称会产生两类问题，即逆向选择和道德风险。为解决这两类问题，证券市场引入了证券中介制度，即通过独立、公正的中介机构作为第三方在筹资者和投资者之间传递信息，以降低各方的信息不对称程度，并以此来规范和监督企业。

证券市场中介机构应该与证券监管部门一起共同监管企业的信息披露，对企业信息披露的公允性和完整性负责，中介机构在证券市场体系中扮演着证券监管部门得力助手的角色，对市场透明度的形成和维护承担着重要的责任。如果证券中介机构没有正确履行其职责，故意掩饰重大信息或提供虚假信息甚至与企业串通舞弊，将严重损害投资者、债权人和社会公众等利益相关者的权益。内部控制建设与实施离不开中介机构作用的发挥，为了有效发挥中介机构对内部控制信息披露的监管，提高内部控制信息披露质量，相关中介机构应从以下几个方面不断改进。

1. 提高中介机构人员素质，提供优质服务

随着我国内部控制信息披露制度强制性进程的逐步实施，会有越来越多的企业开始实施企业内部控制规范体系，内控咨询和内控审计服务在市场上越来越受欢迎。因此，相关咨询机构和部门要积极学习最新的内部控制法规和知识，及时关注我国内部控制建设的最新进展，从而培养核心人才，不断提高内控咨询和内控审计服务水平。

2. 增强审计独立性，提高内部控制审计质量

财政部联合五部委颁布的《企业内部控制基本规范》和《企业内部控制配套指引》均要求执行内控规范体系的企业在披露年度内部控制自我评价报告的同时，应聘请会计师事务所对其内部控制的有效性进行审计，并出具内部控制审计报告。这意味着内部控制审计业务将与财务报表审计业务一样成为会计师事务所的经常性法定业务。保持审计的独立性是证券市场发展的基石，会计师事务所开展内部控制审计业务，是内部控制信息质量的有效保证。会计师事务所在开展内部控制审计业务时，应保持独立性，提高自身执业质量。首先，处理协调好内部控制审计与财务报表审计之间的关系。从我国企业内部控制审计的实践来看，同时借鉴一些国家的经验，会计师事务所应坚持独立性原则，将内部控制审计与财务报表审计业务整合进行，既能有效地提高审计效率，又能降低审计成本。其次，会计师事务所应积极学习和掌握我国内控新规定的思想和内容，树立内部控制审计风险防范意识，遵循注册会计师执业准则，提高内部控制审计质量。再次，会计师事务所开展内部控制审计业务和内部控制咨询业务，应妥善处理二者之间的关系，保持独立性。同一家会计师事务所不能同时为一家企业提供内部控制咨询和内控审计业务。最后，建议会计师事务所中负责为企业提供内部控制审计业务的合伙人和项目负责人实施定期轮换制度，会计师事务所为同一家企业提供内部控制审计业务的服务期限不应超过五年。

3. 构建有效的中介机构监督体系，加强对中介机构的监管

要充分发挥中介机构的证券市场监督功能，有必要建立一套有效的中介机构监督体系，以便加强对中介机构的监管。具体可以建立一系列法律法规，明确规定监管体系中的监管主体和客体、权利和义务及相应的法律责任；政府相关部门或者行业协会应加强对中介机构的日常监管，借鉴国外内部控制审计经验，规范我国会计师事务所内部控制审计业务，提升会计师事务所在如何审计、审计范围、取证方法、如何界定发现问题的性质等方面的专业水准和服务水平，使会计师事务所加强自身关于内部控制审计质量的控制；行业监管部门要严格执业认定，建立、完善法律法规，提供新业务的培训，从而提升注册会计师的内部控制审计能力，检查指导会计师事务所的质量控制体系的健全完善；证券监管部门要将查处中介机构的违法、违规执业行为作为企业监管的工作重点，另外要与其他监督部门协作，强化对中介机构从事企业业务的监督检查，督促其勤勉尽职，帮助企业提高内部控制信息披露质量。通过一整套的监督体系，能够尽早发现制止违法、违规行为，确保中介机构按照执业标准履行业务程序，提高执业质量。

（三）加大政府对内部控制信息披露的监管力度，提高监管效果

通过对我国企业实施内部控制情况的考察发现，企业内部控制存在的问题主要表现为标准不明、理解偏差和执行不到位。为了促进企业内控建设，政府部门应从以下四个方面加大政府对内部控制信息披露的监管力度。

1. 统一规范，协调一致

从沪市、深市内部控制信息披露的情况来看，它们内部控制信息披露的内容存在不尽一致的地方，主要是因为分别遵循的是2006年上海证券交易所和深圳证券交易所颁布的《沪市企业内部控制指引》和《深市企业内部控制指引》，这和现行的规范体系《企业内部控制基本规范》和《企业内部控制配套指引》中关于内部控制、风险管理和内部控制信息披露有不同的要求，导致企业执行过程中存在不协调。因此，当务之急是对企业各部门现行的规章制度进行梳理，协调处理各部门之间的关系，厘清内部控制建设与企业内部管理、风险预防等之间的关系，统一企业内部控制规范和内控信息披露的内容，降低企业的执行难度。

2. 制定分行业的内部控制操作指南

由于每个行业面临的风险各不相同，因此，相关政府监管部门应该根据各个行业的特点和具体情况，选择一些典型行业进行抽样调查，具体掌握这些行业的核心业务流程、关键风险点和有效的控制措施，从而制定分行业的内部控制操作指南，为企业开展内控建设和评价提供指导。例如，商业银行的核心业务流程包括存款业务、贷款业务、资金业务和中间业务等，但现行的企业内部控制评价指引体系并没有针对商业银行的核心业务流程制定专门的指引。又如，银行业主要的风险类型包括信用风险、操作风险、合规风险、汇率

风险、利率风险和流动性风险六大风险。而房地产行业内存在的主要风险依次是政策风险、融资风险、竞争风险、管理风险、市场需求风险和项目管理风险等。

3. 制定分行业的内部控制缺陷认定标准

信息披露的核心在于对利益相关者的保护，而这也同样是内部控制信息披露的出发点和归宿。对于投资者而言，内部控制信息披露的首要意义就在于能够告知投资者企业可能面临的风险，企业应对各类风险时存在的缺陷以及未来改进的措施，从而使风险偏好不同的投资者作出不同的投资决策。因此，内部控制信息披露的核心在于内部控制缺陷信息的揭示。但是，从目前企业披露的内部控制报告来看，真正做到披露内部控制缺陷的公司却不多，这直接导致了目前企业披露的内部控制报告信息含量不足。进一步分析发现，一方面可能是由于强制性披露和自愿性披露内部控制报告的公司本身经营状况和管理较好；另一方面可能是由于内部控制缺陷的披露等同于“自暴家丑”，因而公司不愿进行如实披露，或者是由于目前缺乏内部控制缺陷的认定标准，公司在判断一项内部控制缺陷是否为重大缺陷时无所适从，随意性较大。

建议公司董事会应根据基本规范、评价指引中对重大缺陷、重要缺陷和一般缺陷的认定要求，结合公司规模、行业特征和风险水平等因素，采取定性与定量相结合的方法，制定适用本公司的内部控制缺陷的具体认定标准。具体内控缺陷的认定标准可以考虑从以下两个方面来确定。

（1）财务因素

通过分析潜在错报对公司财务的影响程度及错报情况来确定是重大缺陷、重要缺陷还是一般缺陷。可以考虑借鉴审计实务中判断重要性水平的一些参考数值来确定缺陷的大小。如资产总额的潜在错报可以考虑其是否在资产总额的0.5%~1%。收入总额的潜在错报可以考虑其是否在收入总额的0.5%~1%。费用总额的潜在错报可以考虑其是否在费用总额的0.5%~1%。对公司利润总额的潜在错报是否大于利润总额的5%且小于利润总额的10%。

（2）风险因素

通过分析风险的大小来与重大缺陷、重要缺陷和一般缺陷确定联系起来。例如，通过对风险因素发生的可能性和风险对企业目标实现的影响程度大小形成风险矩阵，根据风险矩阵中风险因素的高、中、低影响来判断内部控制风险的大小，制定内控风险评估标准。并将其与重大缺陷、重要缺陷和一般缺陷衔接起来。

4. 规范内部控制信息披露的报告位置

尽管关于企业内部控制信息披露的强制性规定始于沪深证券交易所2006年颁布的《企业内部控制指引》规定，但是企业内部控制信息披露的质量并不高，而且企业内部控制信息披露的形式和位置存在多样性，其中一部分企业在年度报告“公司治理结构”中披露内部控制制度建设和执行情况；一部分企业单独出具内部控制自我评价报告，列示于财务报告之后；还有个别公司在“董事会报告”或“监事会报告”中对本公司的内部控制情况进行不同程度的披露。

现行《企业内部控制基本规范》及《企业内部控制配套指引》要求企业出具内部控制自我评价报告和内部控制审计报告，但并没有对内部控制信息披露的位置进行统一规定，因而导致企业的相关披露呈现出多样性的特点，使它们披露的内部控制信息缺乏可比性和可理解性。鉴于内部控制信息对提高财务报告的可靠性，对投资者的决策有用性越来越大，因此建议政府监管部门应强制性要求企业以单独报告的形式披露内部控制信息情况（具体包括内部控制自我评价报告和内部控制审计报告），或者将内部控制报告作为一个独立的部分在公司年度报告中进行披露，具体位置可以在财务报告披露位置之前。

（四）加强内部控制的立法监管，提高执法效率

通过内部控制信息披露管制制度的国际比较，美国关于内部控制的监管立法透明公开、监管效率较高以及侧重于保护投资者利益的监管做法值得我国借鉴。尽管人们普遍认为，关于内部控制仅仅依赖立法或制定规则是不能保证内部控制系统的有效实施的，因为企业往往更可能将其视为一项仅需遵从的活动，而不是将其视为企业的一种软文化，会自觉地在商业运营中去执行。但是鉴于我国证券市场的发展还不够完善、公司治理环境薄弱的现实，企业组织内部控制观念的形成需要一个过程，当务之急内部控制立法则是必须重视的手段，是我国现阶段的明智之举。通过完善相关立法以使内部控制监管做到有法可依。

目前，我国法律法规中并没有明确规定企业要建立和实施内部控制，而只是简单涉及内部控制的一些要素。例如，1999 年修订的《中华人民共和国会计法》虽然明确了建立健全内部会计控制的要求，但现已远远不能满足企业风险管理的需要。《中华人民共和国公司法》中只是规定了企业要通过完善公司治理来建立良好的内部控制环境。《中华人民共和国证券法》中规定公司公开发行新股时应具备健全且运行良好的组织机构。《中华人民共和国审计法》规定对于“依法属于审计机关审计监督对象的单位，应当按照国家有关规定建立、健全内部审计制度，其内部审计工作应当接受审计机关的业务指导和监督”。《中华人民共和国注册会计师法》缺乏关于注册会计师内部控制鉴证业务的责任规定。

因此，为了保证内部控制实施的效果，我国应尽快从法律层面上修订和完善关于加强国家对内部控制的立法，可以考虑从两个方面入手：①完善立法程序。我国现有会计法律制度缺乏对会计信息利益相关者利益的体现，从而使规制的制定最终外生于利益各方的博弈均衡，加大了会计法律制度的实施阻力，而这与法律制度制定程序的不充分和利益相关者参与的程度密切相关。借鉴一些国家的成功经验，我国应该制定一套行之有效的立法透明、社会公众参与的制度。②修订和完善内部控制监管法律，提升内控法律地位。强化监督检查和惩戒，以法律法规强制内部控制的有效实施。现阶段我国内控建设的推动更多的是依靠财政部、中国证监会等行政部门的力量，导致内控建设和实施效果较差。另外，我

国在法律层面并没有条款专门对内控建立的责任、义务加以规定，也没有相关惩戒规定。因此，可以考虑在规范公司组织行为的重要法律——《中华人民共和国公司法》中规定所有的公司要建立健全内部控制制度，董事会负责对内部控制进行评价、披露及聘请会计师事务所对内部控制进行审计。《中华人民共和国会计法》中应明确规定单位负责人对企业内部控制信息真实、准确和完整的责任。《中华人民共和国证券法》中明确规定公开发行证券的公司应在招股说明书和企业年度报告中真实、准确、完整地披露内部控制评价信息。在《中华人民共和国审计法》和《中华人民共和国注册会计师法》中要分别规定内部审计人员和外部审计人员对内部控制评价的要求。需要注意的是，在建立内部控制相关法律法规体系过程中，要保证各法律体系的权威性和内在一致性。上述相关法律法规尽管侧重点不同，但在制定时要做到统筹协调、口径一致，以形成我国有效的内部控制监管法律规范体系。

要提高执法效率，需施加重点加大责任追究力度。新制度经济学理论认为，制度是依靠相应的惩罚机制而被有效执行的。因此要想提高执法效率，监管部门必须通过制定严厉的法律法规监管措施，有效打击违法违规行为。为了加大对违规的惩罚力度和提高违规责任界定的权威性和明晰性，我国应通过制定相关法律法规体系或修改现有的法律法规明确界定内部控制评价的违规责任，对于不履行内部控制评价责任或披露虚假内部控制评价信息的企业管理层，可以作出解禁或终生证券市场禁入规定。对于提供不实内部控制审计信息的注册会计师，也应规定同样严厉的惩罚措施。

（五）建立内部控制信息披露质量的考评制度

对企业的内部控制信息披露进行监管，需要有可行性的操作工具，内部控制信息披露指数提供了这一有效的工具。内部控制信息披露质量包括充分披露、公允性和可比性等信息质量特征。对内控信息质量的这些衡量指标进行量化，编制出企业内部控制信息披露质量指数，有助于公司内部控制信息披露情况进行有效监控，保护利益相关者的权益。

为提高公司运作的透明度，地方监管部门已经推行了信息披露标准以提高企业信息透明度。在我国证券市场上，通过编制企业内部控制信息披露指数，将企业内部控制设计的信息、内部控制组织的信息、内部控制执行的信息、内部控制缺陷的信息等纳入信息披露指数体系，对企业内部控制信息披露行为进行动态监管，监管部门可以对信息披露指数得分较低的公司进行重点监管，同时将内部控制信息质量指数纳入利益相关者关系管理中。这样，可以有效地减少资本市场信息的不对称性，从而有效保护外部投资者的信息知情权，这对保护社会公众投资者特别是中小投资者的合法权益具有重大意义。

（六）建立监管信息结果实时公告制度

随着我国内部控制规范对内部控制信息披露的强制性要求规定，企业内控信息披露将成为一种持续的信息披露制度。为了保护利益相关者的利益，监管部门不但要不断加大对内部控制信息披露的监管力度，还要将对内部控制信息披露的监管结果实行实时公告制度，以提高监管工作的透明度。监管工作结果公告可以通过一定的渠道和方式，如媒体、指定的专业刊物或官方网站等来进行。尤其是对于监管过程中发现企业存在违反法律法规的情况的，要对案件进行公开、透明的处理，使其违规成本远远高于收益，对企业管理层及主要责任人实施严厉的处罚，这样才能降低企业与信息使用者之间的信息不对称程度。此外，监管部门在对一些违法、违规行为严重的公司处罚之后还应该跟踪检查，及时获取并向公众反馈企业内部控制整改完善情况，同时还要检查会计师事务所实施内部控制审计业务的具体整改情况，从而增强监管的力度和实效性。

第七章 企业前瞻性非财务信息披露质量提升

第一节 公司价值与所有前瞻性非财务信息披露

公司价值不仅体现在财务报表上，还包含了大量的非财务信息。这些信息对投资者、利益相关者和市场有着深远的影响。前瞻性非财务信息披露能够更全面地展示企业的长期潜力、战略方向和可持续发展能力，进一步提升公司价值。

一、公司价值的多维度定义

公司价值的多维度定义指的是对公司成功与价值的评估考量不仅局限于财务指标，还包括其他关键因素的考量。这种定义考虑到公司在不同方面的表现，从而更全面地评估其价值。

（一）财务维度

传统的财务维度包括公司的利润、收入、现金流等财务指标，这些指标在评估公司的价值时扮演着至关重要的角色。利润（如净利润）是公司在一定时期内经营活动所获得的总体盈余，直接反映了公司的盈利能力和经济效益。收入则是公司在销售产品或提供服务方面所获得的总体收入，是公司经营活动的重要指标之一。现金流是公司在一定时期内现金流入和流出的净额，反映了公司的现金管理能力和偿付能力。这些财务指标在评估公司的价值时提供了重要的参考依据。例如，高利润和收入表明公司有着良好的盈利能力和市场竞争力，而稳定的现金流则表明公司具备了健康的资金管理和经营稳定性。投资者和利益相关者通常会根据这些财务指标来评估公司的财务健康状况、经营表现和未来发展潜力，从而决定是否投资或合作。

然而，需要注意的是，这些财务指标并不是评估公司价值的唯一因素，还需要综合考虑其他方面的因素，如市场地位、行业趋势、管理团队、社会责任等。因此，在评估公司价值时，综合考虑各种因素，而不仅仅局限于传统的财务指标，将更有利于形成全面准确的判断。

（二）市场维度

市场维度的考量涵盖了公司在市场上的地位和表现，其中包括市场份额、品牌价值、客户满意度等指标。这些指标反映了公司在市场竞争中的表现和竞争优势，对于评估公司的价值至关重要。首先，市场份额是指公司在特定市场中所占据的销售额或产量占比。高市场份额通常意味着公司在该市场具有较大的影响力和竞争优势，能够更好地抵御竞争和扩大市场份额。其次，品牌价值是指公司品牌在市场上的知名度、认可度和忠诚度，反映了公司品牌在消费者心目中的价值和地位。具有高品牌价值的公司通常能够吸引更多的顾客和提高产品溢价能力，从而实现更高的市场表现和收益。另外，客户满意度则是衡量客户对公司产品或服务的满意程度，直接反映了公司的市场服务质量和竞争力。高客户满意度有助于提升客户忠诚度、口碑传播和市场份额，对公司长期发展具有积极影响。

市场维度的考量是评估公司价值时至关重要的一部分，通过市场份额、品牌价值、客户满意度等指标的综合分析，可以更全面地了解公司在市场竞争中的地位和表现，从而为投资和业务决策提供有力支持。

（三）战略维度

战略维度关注公司的是战略规划和执行能力，涵盖了产品创新、市场扩张、并购整合能力等方面。这些指标反映了公司的战略方向和发展潜力，对评估公司的价值具有重要意义。首先，产品创新是衡量公司在技术和产品方面的创新能力和竞争优势。具有持续创新能力的公司通常能够推出领先于市场的新产品或服务，满足消费者不断变化的需求，保持竞争优势和市场地位。其次，市场扩张能力反映了公司在拓展新市场、开发新客户群和扩大业务范围方面的表现。通过有效的市场扩张策略，公司可以实现更广泛的市场覆盖和销售增长，促进业务的持续发展和增长。最后，并购整合能力是评估公司在并购活动中整合已收购资产和业务的能力。成功的并购整合能够实现资源优化、降低成本、提高效率，并为公司带来更大的市场份额和增长潜力。

战略维度的考量是评估公司价值的重要组成部分，通过关注产品创新、市场扩张、并购整合等方面的指标，可以全面了解公司的战略规划和执行能力，为投资和业务决策提供有效的参考依据。

（四）社会责任维度

社会责任维度考虑到公司在社会和环境方面的表现，包括环保措施、员工福利、社区回馈等。这些指标反映了公司在社会责任履行和可持续发展方面的表现。首先，环保措施包括公司在减少环境污染、资源利用效率、碳排放减少等方面的努力。公司通过采取节能减排、循环利用资源、推广清洁生产等措施，积极保护和改善环境，为可持续发展贡献力量。其次，员工福利是评估公司对员工关怀和支持程度的重要指标。包括良好的薪酬福利、职业发展机会、工作环境和安全保障等，能够提高员工满意度和忠诚度，增强公司的竞争力和可持续发展能力。最后，社区回馈是公司回馈社会的重要方式之一，包括慈善捐赠、社会公益活动、教育支持等。通过积极参与社区建设和发展，公司可以增强与社会各界的联系和合作，建立良好的企业形象和品牌声誉。

社会责任维度的考量是评估公司综合表现和社会影响的重要方面。通过关注环保措施、员工福利、社区回馈等指标，可以全面了解公司在社会责任履行和可持续发展方面的表现，为投资和合作决策提供重要参考。

（五）治理维度

治理维度关注公司的是内部治理结构和管理效能，包括董事会结构、内部控制、透明度等方面。这些指标反映了公司的管理质量和风险管理能力。首先，董事会结构是公司治理的核心，包括董事会成员的独立性、专业性、多样性等。一个具有良好治理的公司通常具备丰富经验和专业知识的董事会成员，他们能够提供有效的监督和建议，保障公司利益并促进可持续发展。其次，内部控制是公司管理的重要环节，包括财务报告、风险管理、合规性等方面。公司需要建立健全的内部控制制度，确保财务信息的准确性和可靠性，有效管理和控制风险，保障公司资产和利益的安全。最后，透明度是评估公司治理效能的重要标志，包括信息披露的及时性、完整性和准确性等方面。公司应当积极披露相关信息，向股东和投资者提供透明、真实的财务和经营状况，增强市场信心和投资者信任。

治理维度是评估公司管理质量和风险管理能力的重要指标之一。通过关注董事会结构、内部控制、透明度等方面的指标，可以全面了解公司的治理水平和管理效能，为投资者和利益相关者提供重要参考。

综合考虑这些维度可以更全面地评估公司的价值。投资者和利益相关者不仅可以通过财务维度了解公司的盈利能力和财务稳定性，还可以通过市场维度了解公司在市场竞争中的地位和发展前景。同时，关注战略维度可以揭示公司的战略规划和发展方向，而社会责任维度和治理维度则可以评估公司在社会和环境方面的表现以及管理质量和风险控制能力。综合考虑这些维度可以帮助投资者和利益相关者更好地了解公司的整体表现和潜力。这种综合评估不仅有助于作出更准确的投资决策，还可以促进企业的可持续发展和社会责任履行。

二、前瞻性非财务信息的主要内容

（一）环境信息

环境信息是指企业在环境保护和可持续发展领域的各种数据、计划和实施情况。这些信息涵盖了公司在环境管理方面的多个方面，包括但不限于能源消耗、水资源利用、废物处理、排放控制、环境风险管理等。通过披露这些环境信息，投资者和利益相关者可以更全面地了解企业在环境保护和可持续发展方面的表现。他们可以评估企业的环境责任承诺、持续改进努力，以及环境风险管理能力，从而对企业的可持续发展水平作出评估。

（二）社会信息

社会信息涵盖了企业在社会责任履行方面的各种数据、计划和实施情况。这些信息包括但不限于员工福利、社区投入、公益慈善活动、人权保护、供应链管理、多样性和包容性等方面。通过披露这些社会信息，投资者和利益相关者可以更全面地了解企业在社会责任履行方面的表现。他们可以评估企业对员工、社区和其他利益相关者的关注程度，以及企业在社会问题解决和可持续发展方面的努力和成效。这些信息对于评估企业的可持续性和社会影响至关重要。

（三）治理信息

治理信息涵盖了企业内部治理结构、管理实践和透明度等方面的数据、计划和实施情况。这些信息包括董事会组成、高管层结构、内部控制机制、审计实践、股东权益保护、公司治理政策和准则遵循情况等。通过披露这些治理信息，投资者和利益相关者可以更全面地了解企业的内部管理机制和决策程序，评估企业的管理质量和风险管理能力。这些信息对于建立投资者信任、提高公司透明度和降低潜在风险至关重要。

三、前瞻性非财务信息披露的意义

（一）增强投资者信任

透明、详尽的非财务信息披露对于投资者而言是至关重要的。这些信息能够提供关于企业长期战略、社会责任承诺、环境管理实践等方面的深入见解，帮助投资者更全面地评估企业的可持续发展能力和长期价值。通过了解企业的财务表现，投资者可以更好地判断其未来增长潜力和风险水平，从而增强对企业的信任和信心。这种信任和信心的提升通常会反映在企业的市场估值上，使其更具吸引力并获得更多投资者的青睐。因此，透明披露非财务信息对于提升企业的市场估值具有重要作用。

（二）提升企业形象

通过积极披露在环境保护、社会责任和公司治理方面的实践和成果，企业可以树立负责任的社会形象。这种形象不仅能够增强品牌声誉，还能够提升公众对企业的认可度和信任感。在今天的市场环境中，消费者和投资者越来越关注企业的社会责任和可持续发展实践。因此，通过积极的环境保护、社会责任和公司治理举措，企业不仅可以赢得消费者的忠诚度，还可以吸引更多的投资者，实现可持续的商业增长。

（三）风险管理与预防

前瞻性非财务信息披露可以帮助企业提前发现和应对潜在风险。通过披露企业的战略规划、创新计划、环境管理措施、社会责任实践以及治理结构等信息，企业可以增强对内外部环境变化的感知能力，及时调整战略方向和管理措施，降低负面事件对企业的影响。这种及时的风险识别和管理有助于提升企业的风险抵御能力，减少因突发事件造成的损失，同时增强企业的市场竞争力和长期可持续发展能力。

（四）促进可持续发展

系统的非财务信息披露不仅可以帮助企业提高透明度和建立信任，还能激励企业改进其在环境、社会和治理方面的表现。通过公开披露企业的环境保护措施、社会责任实践以及治理机制，企业受到外部监督和评价，从而促使其积极采取措施改进管理、提升绩效，以实现经济效益和社会效益的双赢。这种持续改进的过程有助于企业更好地适应社会需求和市场变化，实现可持续发展的目标。

四、实施前瞻性非财务信息披露的策略

（一）设定清晰的目标

设定清晰的目标是实施前瞻性非财务信息披露的首要步骤。明确的目标不仅能指引披露工作的方向，还能确保各项工作有序推进，提高披露的有效性和针对性。以下是设定清晰目标的具体步骤和重要考虑因素。

1. 明确企业的核心价值观和战略方向

在设定目标之前，企业需要首先明确自身的核心价值观和战略方向。这包括企业在环境、社会和治理（ESG）方面的基本立场和承诺。例如，企业是否致力于实现碳中和？是否关注员工的职业发展和福利？是否强调治理结构的透明和公平？这些基本立场将成为设定披露目标的重要参考。

2. 确定具体的披露目标

根据企业的核心价值观和战略方向，设定具体的披露目标。这些目标应当具有明确性和可操作性，以便在实际操作中能够落实。具体目标可以包括以下几个方面。

环境目标：明确企业在环保方面的具体目标，如减少温室气体排放、提高能源利用效率、减少废弃物排放等。

社会目标：确定企业在社会责任方面的具体目标，如提升员工福利、促进社区发展、维护供应链的社会责任等。

治理目标：明确企业在治理结构方面的具体目标，如加强董事会独立性、提高信息披露透明度、强化内部控制和风险管理等。

3. 设定短期和长期目标

在确定具体披露目标时，企业应当同时设定短期和长期目标。短期目标（通常为1~3年）能够帮助企业在较短时间内取得实质性进展，并为长期目标的实现打下基础。长期目标（通常为5~10年或更长）则能够指引企业的长期发展方向，确保披露工作的持续性和一致性。

4. 确定关键绩效指标（KPIs）

为确保目标的可测量性和可实现性，企业需要为每一个具体目标确定相应的关键绩效指标（KPIs）。这些指标能够量化目标的进展情况，并为后续的监测和评估提供依据。例如，对于减少温室气体排放的目标，可以设定年度排放量减少的具体指标；对于提升员工福利的目标，可以设定员工满意度调查的具体指标。

5. 确保目标的可行性和挑战性

在设定目标时，企业需要平衡目标的可行性和挑战性。一方面，目标应当是可行的，即企业在现有资源和能力的基础上能够实现这些目标；另一方面，目标也应当具有一定的挑战性，以推动企业不断进步和创新，提高整体的可持续发展水平。

6. 与利益相关者沟通

在设定目标的过程中，企业应当积极与利益相关者沟通，听取他们的意见和建议。这不仅有助于确保目标的合理性和全面性，也能够增强利益相关者对企业披露工作的认同和支持。利益相关者包括股东、员工、客户、供应商、社区、非政府组织和监管机构等。

7. 定期审查和更新目标

企业应当定期审查和更新目标，以应对内外部环境的变化和新的挑战。审查频率可以根据企业实际情况确定，如每年或每两年进行一次。通过定期审查，企业能够及时调整目标和策略，确保披露工作的持续改进和有效性。

通过设定清晰的目标，企业可以为前瞻性非财务信息披露奠定坚实的基础。这不仅能够提高披露工作的科学性和系统性，还能够推动企业实现可持续发展目标，赢得市场和社会的信任与支持。

（二）识别关键利益相关者

识别关键利益相关者是实施前瞻性非财务信息披露的一个重要步骤。利益相关者的需求和期望直接影响企业的信息披露内容和方式，因此，准确识别并理解这些利益相关者的关注点，有助于企业制定更加有效和针对性的披露策略。以下是识别关键利益相关者的具体步骤和重要考虑因素。

1. 明确利益相关者的定义

利益相关者是指那些能够影响或被企业活动所影响的个人、群体或组织。识别利益相关者的第一步是明确他们的定义和范围。通常，利益相关者包括但不限于以下几类。

股东和投资者：对企业财务表现和可持续发展有直接利益关系。

员工：包括全职员工、兼职员工和合同工，他们关注企业的工作环境、职业发展和福利待遇。

客户：使用企业产品或服务的个人或组织，关注产品质量、服务水平和企业的社会责任。

供应商和合作伙伴：为企业提供原材料、产品或服务的供应链成员，他们关注合作的公平性、透明度和长期稳定性。

社区和社会：企业所在社区的居民和社会公众，关注企业对当地经济、环境和社会的影响。

监管机构和政府：制定和执行法律法规的机构，关注企业的合规性和社会责任履行情况。

非政府组织（NGOs）和媒体：对企业运营和社会责任表现进行监督和报道，关注企业的透明度和可持续发展实践。

2. 制定利益相关者分类和优先级

一旦明确了利益相关者的定义，企业需要对其进行分类和优先级排序。不同的利益相关者在企业运营中的影响力和关注点有所不同，因此，制定合理的分类和优先级有助于企业更有针对性地进行信息披露。常见的分类标准包括以下几个方面。

影响力：利益相关者对企业决策和运营的影响力大小。

依赖度：利益相关者对企业的依赖程度，反映了他们对企业行为的敏感性。

互动力：企业与利益相关者之间的互动频率和深度。

关注点：利益相关者在环境、社会和治理方面的具体关注点。

根据这些标准，可以将利益相关者分为高优先级、中优先级和低优先级，从而制定相应的沟通和披露策略。

3. 进行利益相关者分析

在完成分类和优先级排序后，企业需要对每一类利益相关者进行深入分析，了解他们的需求和期望。这可以通过多种方式实现。

问卷调查：向利益相关者发放问卷，收集他们对企业运营和非财务信息披露的意见和建议。

访谈和座谈会：通过一对一访谈或小组座谈会，深入了解利益相关者的关注点和期望。

公开信息分析：分析利益相关者发布的公开报告、新闻稿和社交媒体内容，了解他们的态度和观点。

通过利益相关者分析，企业可以获取第一手的反馈和数据，为后续的披露工作提供依据。

4. 建立利益相关者沟通机制

为了确保与利益相关者的有效沟通，企业需要建立长期的沟通机制。这些机制不仅包括定期的沟通渠道，还应包括应对突发事件的紧急沟通机制。常见的沟通方式包括以下几种。

年度报告和可持续发展报告：向利益相关者定期报告企业在财务和非财务方面的表现和进展。

新闻发布会和投资者会议：向媒体和投资者通报企业的重要决策和发展动态。

社区参与活动：通过举办或参与社区活动，增强与当地居民和社会组织的互动。

在线平台：通过企业官网、社交媒体和电子邮件等渠道，与广泛的利益相关者保持联系。

5. 反馈和持续改进

利益相关者的需求和期望是动态变化的，因此，企业需要定期收集反馈并进行持续改进。这可以通过以下几种方式实现。

定期评估：定期评估利益相关者的满意度和企业信息披露的效果。

调整策略：根据评估结果和反馈意见，调整信息披露的内容和方式，确保其始终符合利益相关者的需求。

创新沟通方式：随着技术和社会环境的变化，不断探索和应用新的沟通方式，提高与利益相关者的互动和参与度。

通过识别关键利益相关者并与他们建立有效的沟通机制，企业不仅能够提高信息披露的质量和透明度，还能增强利益相关者对企业的信任和支持，推动企业实现可持续发展目标。

（三）制订详细的计划

制订详细的计划是实施前瞻性非财务信息披露的关键步骤之一。一个清晰、系统和可操作的计划不仅能确保披露工作的顺利进行，还能提高信息披露的质量和效果。以下是制订详细计划的具体步骤和重要考虑因素。

1. 确定项目团队和职责分工

组建项目团队：选择具有相关经验和技能的团队成员，组建一个专门负责非财务信息披露的项目团队。团队成员应包括来自不同部门的代表，如可持续发展部、财务部、法务部、公共关系部等。

明确职责分工：为每位团队成员明确分配具体职责，确保各项工作有专人负责。例如，数据收集由某一部门负责，报告编写由另一部门负责，审查和批准由高级管理层负责。

考虑因素：确保团队成员具有相关的专业知识和技能。促进跨部门协作，确保信息流通和资源共享。

2. 制定时间表和里程碑

制定详细时间表：为信息披露的每个阶段制定具体的时间表，包括数据收集、数据分析、报告编写、内部审查、外部审计、信息发布和反馈收集等环节。

设定关键里程碑：在时间表中设定关键里程碑，以便监控项目进展和及时发现问题。例如，完成数据收集的时间点，报告初稿完成的时间点，内部审查结束的时间点等。

考虑因素：确保时间表具有合理性和可行性，避免过于紧张或松散。定期评估进度，确保项目按计划推进。

3. 确定资源需求和预算

评估资源需求：确定项目所需的各种资源，包括人力资源、技术支持、培训需求等。

评估现有资源是否足够，如有不足，制订相应的补充计划。

编制项目预算：根据资源需求，编制详细的项目预算，包括数据收集成本、外部审计费用、报告编写和设计费用、培训费用等。

考虑因素：确保资源配置合理，避免资源浪费或不足。监控预算执行情况，确保项目在预算范围内进行。

4. 选择合适的披露框架和标准

研究披露框架：研究并选择合适的非财务信息披露框架和标准，如全球报告倡议（GRI）、可持续发展会计准则委员会（SASB）、气候相关财务披露工作组（TCFD）等。

制定内部标准：根据选择的框架和企业实际情况，制定内部披露标准和指南，确保信息披露的系统性和一致性。

考虑因素：确保所选择的框架符合行业惯例和利益相关者的期望。保持与国际标准的一致性，提高披露的可信度和透明度。

5. 建立数据收集和管理系统

建立数据收集系统：设计和建立一个系统化的数据收集机制，确保所有非财务数据能够准确、及时地收集到位。

数据管理和存储：确保数据管理系统具有高效性和安全性，所有数据都能够得到妥善存储和管理，防止数据丢失或泄露。

考虑因素：确保数据收集的全面性和准确性。采用先进的数据管理工具和技术，提高数据处理效率。

6. 编写和审查披露报告

编写报告：根据数据分析结果和披露框架要求，编写非财务信息披露报告。确保报告内容清晰、结构合理，并包含所有关键信息。

内部审查：将编写好的报告提交给内部相关部门进行审查，确保内容的准确性和一致性。

高级管理层批准：报告在正式发布前需获得高级管理层的批准，确保其符合企业战略和政策。

考虑因素：确保报告内容真实、全面、易于理解。内部审查应包括多轮审核，确保报告无误。

7. 外部审计和验证

选择审计机构：选择专业的第三方审计机构，对非财务信息披露报告进行外部审计和验证。

配合审计：提供审计机构所需的所有数据和信息，确保审计过程的顺利进行。

接受反馈：根据审计机构的反馈意见，对报告进行必要的修改和完善。

考虑因素：确保审计机构的独立性和专业性。审计过程应透明、公正，结果应公开发布。

8. 信息发布和利益相关者沟通

正式发布：通过企业官网、年报、新闻发布会等渠道，正式发布非财务信息披露报告。

利益相关者沟通：与股东、客户、员工、供应商等利益相关者进行沟通，解释报告内容和企业在非财务方面的努力和成果。

考虑因素：确保信息发布的广泛性和易获取性。利益相关者沟通应持续进行，建立长期的互动机制。

9. 收集反馈和持续改进

收集反馈：通过问卷调查、座谈会、在线平台等方式，收集利益相关者对非财务信息披露报告的反馈意见。

分析反馈：对收集到的反馈进行分析，识别改进点和新的需求。

调整计划：根据反馈结果，调整和改进披露计划，确保披露工作的持续提升和优化。

考虑因素：确保反馈收集的全面性和代表性。

持续改进应作为长期工作，定期评估和更新披露策略。

通过制订详细的计划，企业可以确保前瞻性非财务信息披露工作的有序推进和高效实施，从而提高信息披露的质量和可信度，增强利益相关者的信任和支持，推动企业实现可持续发展目标。

（四）建立内部管理体系

建立内部管理体系是实施前瞻性非财务信息披露的关键步骤之一。一个高效、系统的内部管理体系能够确保信息披露工作的有序推进和质量保证，同时提升企业在环境、社会和治理（ESG）方面的整体表现。以下是建立内部管理体系的具体步骤和重要考虑因素。

1. 明确管理架构和职责分工

设立专门机构：在企业内部设立专门负责非财务信息披露和可持续发展的部门或工作小组。这一机构应直接向高级管理层汇报，以确保其重要性和独立性。

明确职责分工：明确各个部门和岗位在非财务信息披露工作中的具体职责和任务。例如，环境数据由环境管理部门负责，社会责任数据由人力资源部门负责，治理数据由法务部门负责。

考虑因素：确保管理架构的清晰和高效，避免职责重叠或职责空缺。确保各个部门之间的协调和合作，促进信息共享和资源整合。

2. 制定政策和操作指南

制定披露政策：制定企业的非财务信息披露政策，明确披露的原则、范围、标准和频率。政策应包括对环境、社会和治理各个方面的具体要求。

编写操作指南：根据披露政策，编写详细的操作指南，指导各个部门和岗位具体的工作流程和操作方法。操作指南应包括数据收集、数据分析、报告编写、审查和发布等环节的具体要求和标准。

考虑因素：确保政策和操作指南的科学性和可操作性，方便实际操作。定期评估和更新政策和操作指南，确保其与时俱进。

3. 建立数据收集和管理系统

建立数据收集系统：设计和建立一个系统化的数据收集机制，确保所有非财务数据能够准确、及时地收集到位。数据收集系统应覆盖环境、社会和治理各个方面的数据需求。

数据管理和存储：确保数据管理系统具有高效性和安全性，所有数据都能够得到妥善存储和管理，防止数据丢失或泄露。数据管理系统应具备数据审核、校验和分析功能。

考虑因素：确保数据收集的全面性和准确性，避免数据遗漏或错误。采用先进的数据管理工具和技术，提高数据处理效率和安全性。

4. 实施培训和能力建设

制订培训计划：制订详细的培训计划，对相关员工进行系统培训，提升其在非财务信息收集、分析和披露方面的能力。培训内容应包括非财务信息披露的基本知识、政策和操作指南、数据管理和分析工具等。

开展培训活动：组织和开展多种形式的培训活动，如课堂培训、在线培训、工作坊和案例分析等，确保培训效果。

建立知识共享平台：建立内部知识共享平台，方便员工随时查阅相关资料和进行经验交流，提升整体能力。

考虑因素：确保培训内容的针对性和实用性，满足不同层级和岗位的需求。定期评估培训效果，根据评估结果调整和优化培训计划。

5. 设立监督和审查机制

内部监督机制：在企业内部设立监督机制，对非财务信息披露工作的各个环节进行监督，确保各项工作按计划进行。监督机制应包括定期检查和专项检查。

内部审查流程：建立严格的内部审查流程，对非财务信息披露报告进行多轮审查和校验，确保报告内容的准确性和一致性。审查流程应包括初审、复审和终审三个阶段。

考虑因素：确保监督和审查机制的独立性和权威性，避免利益冲突。内部审查应注重细节，确保报告无误。

6. 推动文化和价值观建设

宣传企业价值观：在企业内部宣传和推广可持续发展的价值观，增强员工对非财务信息披露工作的认同和支持。可以通过内部宣传、主题活动和企业文化建设等方式进行。

鼓励员工参与：鼓励和支持员工参与非财务信息披露工作，激发员工的积极性和创造力。可以设立奖励机制，对在非财务信息披露工作中表现突出的员工进行表彰和奖励。

考虑因素：确保企业价值观的普及和贯彻，形成全员参与的良好氛围。员工参与应注重实效，避免形式主义。

7. 定期评估和持续改进

定期评估体系：建立定期评估体系，对非财务信息披露工作的整体效果和具体环节进行评估，识别存在的问题和改进点。评估内容应包括数据收集、数据管理、报告编写、审查和发布等环节。

反馈和改进机制：根据评估结果，制定改进措施，并及时调整和优化内部管理体系，确保其持续提升和优化。建立反馈机制，广泛收集员工和利益相关者的意见和建议，不断完善内部管理体系。

考虑因素：确保评估的全面性和客观性，避免主观偏差。持续改进应作为长期工作，定期评估和更新管理体系。

通过建立高效的内部管理体系，企业可以确保非财务信息披露工作的有序推进和高质量实施。这不仅能够提高信息披露的透明度和可信度，还能够增强企业在环境、社会和治理方面的整体表现，推动企业实现可持续发展目标。

（五）选择适当的披露渠道

选择适当的披露渠道是实施前瞻性非财务信息披露的重要步骤。不同的披露渠道可以触及不同的受众，传递不同的信息，因此，企业需要根据自身情况和利益相关者的需求，选择最合适的披露渠道。以下是选择适当披露渠道的具体步骤和重要考虑因素。

1. 确定披露目标和受众

明确披露目标：根据企业的战略目标和非财务信息披露的具体要求，明确披露的主要目标。例如，提高企业透明度、增强利益相关者信任、展示企业社会责任和可持续发展成就等。

识别目标受众：根据披露目标，识别和分析主要的目标受众群体，包括股东、投资者、员工、客户、供应商、社区、监管机构和媒体等。了解各个受众群体的需求和期望，为选择适当的披露渠道提供依据。

考虑因素：确保披露目标和受众的明确性和针对性。充分考虑不同受众群体的信息需求和获取习惯。

2. 分析各类披露渠道的特点

传统渠道：分析传统披露渠道的特点和优势，包括年度报告、可持续发展报告、新闻发布会、股东大会和财务报表等。传统渠道通常具有权威性和正式性，适合传递详细和系统的信息。

数字化渠道：分析数字化披露渠道的特点和优势，包括企业官方网站、社交媒体、电子邮件、在线会议和网络直播等。数字化渠道通常具有广泛性和互动性，适合快速传递信息和与利益相关者进行实时互动。

创新渠道：探索和分析新兴的披露渠道，如视频平台、播客、移动应用和虚拟现实等。创新渠道通常具有创意性和吸引力，能够提供多样化和沉浸式的体验。

考虑因素：确保对各类披露渠道的全面了解和客观分析。分析各渠道在信息传递效率、受众覆盖面、互动性和成本等方面的表现。

3. 制定多渠道披露策略

组合使用多种渠道：根据受众群体的需求和各类渠道的特点，制定多渠道披露策略。通过组合使用多种披露渠道，最大化信息覆盖面和传递效果。例如，年度报告和可持续发展报告可以用于详细披露，社交媒体和企业网站可以用于快速传播，视频平台和播客可以用于生动展示。

制定渠道优先级：根据披露目标和资源情况，确定各披露渠道的优先级。优先选择那些能够最大化信息传递效果和受众覆盖面的渠道，同时确保资源的合理配置和高效利用。

考虑因素：确保多渠道披露策略的全面性和系统性，避免单一渠道的局限性。结合企业实际情况，合理配置资源，确保披露工作的高效实施。

4. 确保信息一致性和同步性

制定统一信息标准：在多渠道披露中，制定统一的信息标准和模板，确保各渠道发布的信息内容一致、格式统一。避免因信息不一致导致的误解或困惑。

同步发布信息：制订信息发布计划，确保各渠道的信息发布同步进行，避免因信息发布时间差异导致的信息不对称。通过同步发布，增强信息披露的连贯性和整体性。

考虑因素：确保信息内容的准确性和一致性，避免因信息差异导致的信任危机。确保信息发布的同步性，避免因时间差异导致的误解或信息滞后。

5. 建立反馈机制和持续改进

建立反馈渠道：在各披露渠道中，建立便捷的反馈渠道，方便受众反馈意见和建议。可以通过问卷调查、在线评论、社交媒体互动和客户服务热线等方式收集反馈。

分析反馈信息：定期分析各渠道收集到的反馈信息，识别存在的问题和改进点，及时调整和优化披露策略和内容。

持续改进：根据反馈信息和分析结果，持续改进和优化披露渠道和策略，确保信息披露工作的不断提升和优化。

考虑因素：确保反馈机制的便捷性和高效性，促进受众积极参与和反馈。持续改进应作为长期工作，定期评估和更新披露渠道和策略。

通过选择适当的披露渠道，企业可以有效地提升非财务信息的传递效率和效果，增强信息披露的透明度和可信度。多渠道披露策略不仅能够满足不同受众群体的信息需求，还能够提升企业在环境、社会和治理（ESG）方面的整体表现，推动企业实现可持续发展目标。

（六）关注国际趋势和标准

密切关注国际上的前瞻性非财务信息披露趋势和标准，并及时调整和更新自身的披露实践，是确保企业信息披露符合国际最佳实践和标准的关键步骤。这不仅有助于提高企业的透明度和可信度，还能够增强企业在全球市场的竞争力和声誉。以下是具体步骤和重要考虑因素。

1. 追踪国际标准和趋势

持续关注主要国际组织的动态：密切关注全球报告倡议（GRI）、可持续发展会计准则委员会（SASB）、气候相关财务披露工作组（TCFD）、联合国全球契约（UNGC）等主要国际组织发布的最新标准、指南和报告。这些组织的动态往往反映了全球非财务信息披露的最新趋势和要求。

定期参加行业会议和研讨会：积极参与由国际组织、行业协会和专业机构举办的各类会议、研讨会和培训，了解最新的非财务信息披露趋势、方法和最佳实践。

考虑因素：确保信息来源的权威性和及时性，获取最前沿的标准和趋势信息。参与国际活动可以拓宽视野，与同行交流学习，提升自身能力。

2. 评估现有披露实践

进行差距分析：对照国际标准和趋势，评估企业现有的非财务信息披露实践，识别差距和改进空间。差距分析应涵盖信息披露的范围、深度、透明度和一致性等方面。

制订改进计划：根据差距分析结果，制订详细的改进计划，明确改进目标、措施、时间表和责任人，确保改进工作的有序推进。

考虑因素：确保差距分析的全面性和客观性，避免遗漏或偏差。改进计划应具有可操作性和可行性，确保能够落地实施。

3. 更新披露政策和操作指南

调整披露政策：根据国际标准和趋势，及时调整和更新企业的非财务信息披露政策，确保其符合最新的国际要求。调整后的政策应涵盖环境、社会和治理（ESG）各个方面的具体要求和标准。

更新操作指南：根据调整后的披露政策，更新操作指南和工作流程，确保各个部门和岗位能够按照最新的标准和要求进行信息收集、分析和披露。

考虑因素：确保政策和操作指南的科学性和可操作性，方便实际操作。定期评估和更新政策和操作指南，确保其与时俱进。

4. 提高数据质量和透明度

加强数据管理：采用先进的数据管理工具和技术，提高数据收集、处理和存储的效率和准确性。确保数据来源可靠、数据处理规范、数据存储安全。

提高数据透明度：提高数据披露的透明度，提供详细的背景信息和解释说明，帮助利益相关者理解数据的意义和企业在非财务方面的表现。

考虑因素：确保数据管理系统的高效性和安全性，防止数据丢失或泄露。提高数据透明度，增强信息披露的可信度和理解度。

5. 加强利益相关者沟通

建立沟通机制：建立和完善与利益相关者的沟通机制，定期向股东、投资者、员工、客户、供应商、社区和监管机构等利益相关者通报企业的非财务信息披露情况，听取他们的意见和建议。

多渠道互动：利用多种沟通渠道，如年度报告、可持续发展报告、企业官网、社交媒体、新闻发布会、在线会议等，与利益相关者进行互动，及时回应他们的关切和需求。

考虑因素：确保沟通机制的便捷性和高效性，促进利益相关者积极参与和反馈。多渠道互动应注重实效，避免形式主义。

6. 持续监测和评估

建立监测机制：建立持续监测机制，定期监测国际标准和趋势的变化，及时获取最新信息，确保企业信息披露工作始终符合国际最佳实践。

定期评估效果：定期评估非财务信息披露工作的效果，分析信息披露的覆盖面、准确性、透明度和利益相关者的满意度，识别存在的问题和改进点。

考虑因素：确保监测机制的全面性和及时性，及时发现和应对变化。评估工作应注重数据和事实，确保评估结果的客观性和科学性。

7. 持续改进和创新

根据评估结果调整策略：根据监测和评估结果，及时调整和优化非财务信息披露策略和实践，确保其持续改进和优化。

引入创新实践：积极引入国际上新的信息披露工具、方法和技术，提高信息披露的效率和效果。例如，采用大数据分析、人工智能、区块链等技术，提高信息披露的精准度和透明度。

考虑因素：确保改进和创新的科学性和可操作性，避免盲目跟风。创新实践应注重实效，真正提高信息披露的质量和效果。

通过密切关注国际上的前瞻性非财务信息披露趋势和标准，及时调整和更新自身的披露实践，企业可以确保信息披露工作始终符合国际最佳实践，提高透明度和可信度，增强在全球市场的竞争力和声誉，推动企业实现可持续发展目标。

综上所述，通过以上策略的综合实施，企业不仅可以实现前瞻性非财务信息披露的目标，还能够在多个方面取得显著成效。这不仅有助于提升企业的社会声誉、增强市场竞争力，还能促进企业的可持续发展，助力企业在未来的发展中立于不败之地。

第二节　公司价值与拟投资项目相关的前瞻性非财务信息披露

在现代商业环境中，企业不仅需要披露财务信息，还需要对非财务信息进行前瞻性披露，以展示其在环境、社会和治理（ESG）方面的绩效和潜力。尤其在涉及拟投资项目时，非财务信息披露变得尤为重要。通过详细的前瞻性财务信息披露，企业可以向投资者和其他利益相关者展示拟投资项目对公司价值的影响，以及项目在可持续发展方面的潜力。

通过以下策略的综合实施，企业可以在拟投资项目的前瞻性非财务信息披露中，展示项目在环境、社会和治理方面的优势和潜力。

一、环境影响和可持续发展

第一，环境影响评估。对拟投资项目进行环境影响评估，披露项目对环境的潜在影响，包括碳排放、水资源使用、废弃物管理和生物多样性保护等。

第二，可持续发展目标。说明拟投资项目如何支持公司的可持续发展目标，以及项目在减少环境足迹和提升资源效率方面的具体措施和预期成果。

第三，绿色技术和创新。披露项目中采用的绿色技术和创新，如可再生能源、节能设备和环保材料等，展示项目的环保优势和技术先进性。

二、社会责任和社区影响

第一，社会责任承诺。详细说明拟投资项目在社会责任方面的承诺和计划，包括对当地社区、员工、供应链和客户的积极影响。

第二，社区参与和发展。披露项目如何与当地社区合作，推动社区发展，提升社区福祉。例如，通过就业机会、基础设施建设、教育和培训等方面的贡献。

第三，公平用工。说明项目如何确保公平劳动实践和员工福利，预防任何形式的用工歧视。

三、公司治理和风险管理

第一，治理结构和透明度。说明拟投资项目的治理结构，包括项目管理团队、决策流程和内部控制措施，确保项目在决策和执行过程中具备透明度和问责性。

第二，风险管理策略。披露项目的风险管理策略，包括环境、社会和治理（ESG）风险的识别、评估和应对措施，展示公司在项目风险管理方面的能力和准备。

第三，合规性和道德标准。说明项目如何遵守法律法规和道德标准，确保项目运营符合相关法规和道德要求，避免法律和声誉风险。

四、经济和财务效益

第一，长期经济效益。说明拟投资项目对公司的长期经济效益，包括预期的收益、成本节约和市场拓展机会，展示项目对公司价值的贡献。

第二，财务稳定性和投资回报。披露项目的财务稳定性和预期投资回报，确保投资者了解项目的财务健康状况和投资价值。

第三，市场和竞争优势。说明项目在市场中的竞争优势和战略意义，如市场份额提升、新市场进入和品牌价值增强等。

通过以上策略的综合实施，企业不仅可以实现前瞻性非财务信息披露的目标，还能提升企业的透明度和公信力，增强市场竞争力，推动企业的可持续发展和长期价值创造。这种全面、透明和前瞻性的非财务信息披露，能够有效地吸引投资者，增强利益相关者的信任，最终提升企业的整体价值和社会影响力。

第三节　前瞻性非财务信息、信息披露考评与企业投资效率

在现代企业管理中，前瞻性非财务信息的披露及其考评机制对于提升企业的投资效率具有重要作用。非财务信息包括环境、社会、治理（ESG）等方面的数据，这些信息能够为投资者提供全面的企业表现图景，进而优化投资决策，提高企业的整体效益。

一、前瞻性非财务信息的定义及其重要性

（一）前瞻性非财务信息的定义

前瞻性非财务信息指的是企业在环境、社会和治理（ESG）方面的绩效和未来潜力的预测和披露。这类信息超越了传统财务报表和历史数据的范畴，包含了对未来可能影响企业可持续发展、战略规划和长期价值创造的因素的分析和展望。前瞻性非财务信息的披露有助于投资者和其他利益相关者更全面地了解企业在应对未来挑战和机遇方面的准备情况和潜力。

（二）前瞻性非财务信息的重要性

前瞻性非财务信息在现代商业环境中越来越重要。它不仅帮助企业展示其在环境、社会和治理（ESG）方面的绩效和未来潜力，还能增强企业的透明度和公信力，吸引投资者和其他利益相关者。前瞻性非财务信息不仅是企业展示其ESG绩效和潜力的重要手段，更是提升企业透明度和信任、吸引长期投资、增强市场竞争力、促进可持续发展和长期价值创造的关键因素。

1. 提升透明度和信任

前瞻性非财务信息的披露能显著提升企业的透明度，使利益相关者更全面地了解企业

在ESG方面的未来计划和预期表现。这种透明度有助于建立和增强投资者、客户、员工及社区的信任。

2. 吸引长期投资

随着越来越多的投资者关注企业的ESG表现，前瞻性非财务信息披露变得尤为重要。投资者能够根据这些信息评估企业的长期价值和可持续性，从而作出更明智的投资决策。详细的ESG信息披露有助于吸引关注可持续发展的长期投资者。

3. 增强市场竞争力

在竞争激烈的市场环境中，透明和全面的非财务信息披露可以提升企业的品牌价值和市场声誉，使其在市场上脱颖而出。企业展示其在ESG方面的承诺和成就，能够赢得更多客户和合作伙伴的信任与支持。

4. 促进可持续发展

通过披露前瞻性非财务信息，企业可以识别和管理ESG相关的风险和机遇，推动内部改进和创新，实现可持续发展。明确的ESG目标和行动计划有助于企业在环境保护、社会责任和治理结构方面取得长足进步，进而实现长期价值创造。

5. 应对法规和标准

全球范围内对企业ESG披露的法规和标准日益严格。前瞻性非财务信息披露帮助企业满足合规要求，降低法律和声誉风险。同时，根据国际标准［如全球报告倡议（GRI）、气候相关财务披露工作组（TCFD）］进行披露，确保信息的权威性和可信性，增强全球投资者的信任。

6. 识别和管理风险

企业通过前瞻性非财务信息披露，可以提前识别环境、社会和治理方面的潜在风险，并制定应对措施。这种风险管理能力不仅增强了利益相关者的信心，还提升了企业应对未来不确定性的能力。

7. 推动创新和变革

前瞻性非财务信息披露可以激励企业在可持续发展方面进行创新，开发新的产品和服务，开拓新市场。同时，企业通过积极的ESG信息披露，可以引领行业变革，推动整个行业向更加可持续和负责任的方向发展。

综上所述，前瞻性非财务信息在现代商业环境中具有至关重要的地位。通过高质量的前瞻性非财务信息披露，企业能够在日益复杂和动态的商业环境中保持竞争优势，实现可持续增长。

二、信息披露考评的框架和机制

信息披露考评的框架和机制是评估和监督企业、组织或个人信息披露情况的重要工具，旨在确保其透明度、真实性和完整性。这一框架和机制的设计和实施涉及多个关键方面，下面将详细阐述这些方面的内容。

（一）法律和监管要求

信息披露必须符合相关的法律和监管要求。这些要求通常由国家或地区的监管机构制定，如证券交易委员会（SEC）或其他行业监管机构。例如，上市公司需要按照证券法和证券交易所的规则定期披露财务状况、经营成果以及其他重要信息。违反这些法律和监管要求可能导致严重的法律后果和声誉损失。

（二）信息披露政策

企业或组织应制定明确的信息披露政策。这些政策应详细规定哪些信息需要披露、何时披露以及如何披露。信息披露政策应得到管理层和董事会的批准，并在整个组织内有效实施。政策还应明确信息披露的责任归属，确保每个相关部门和人员都了解并履行其职责。

（三）信息披露流程

建立和实施一套标准化的信息披露流程，是确保信息披露准确性和及时性的关键。这一流程通常包括信息收集、信息审查、信息批准和信息发布等步骤。在信息收集阶段，应确保信息的来源可靠、数据准确无误。在信息审查和批准阶段，相关人员应对信息的完整性和准确性进行严格把关。最终的信息发布应通过官方渠道，以确保信息的权威性和可信度。

（四）内部控制

建立和维护强有力的内部控制系统，是保障信息披露质量和可靠性的基础。内部控制应包括风险评估、控制活动、信息和沟通以及监督等方面。风险评估应识别和分析可能影响信息披露的各类风险，控制活动则是针对这些风险采取的具体措施。有效的信息和沟通机制确保信息在企业内部和外部的传递准确无误。监督机制则负责定期评估内部控制的有效性，并及时采取纠正措施。

（五）信息披露考评指标

制定具体的信息披露考评指标，用于评估信息披露的质量和效果。这些指标可以包括信息的完整性、准确性、及时性和透明度等方面。通过设定这些指标，企业可以有针对性地改进信息披露工作，确保满足利益相关方的需求。

（六）考评机制

建立独立的信息披露考评机制，通常由内部审计部门或独立的第三方机构进行。考评机制应包括定期审查和评估信息披露情况，并向管理层和董事会报告结果。这有助于发现信息披露中的问题和不足，并提供改进建议，确保信息披露符合最高标准。

（七）培训和意识提升

对员工进行信息披露相关的培训，增强他们的信息披露意识和能力，是确保信息披露质量的重要手段。培训内容应包括法律和监管要求、内部政策和程序以及最佳实践等。通过培训，员工能够更好地理解信息披露的重要性，并掌握相关技能和知识，从而在实际工作中严格遵循信息披露规范。

（八）沟通和反馈

与利益相关方保持良好的沟通，收集他们对信息披露的反馈，并根据反馈不断改进信息披露的质量和效果。利益相关方的反馈是评估信息披露效果的重要依据，可以帮助企业识别信息披露中的不足之处，及时进行改进，以满足利益相关方的需求和期望。

（九）违规处理

制定违规处理机制，对未按规定进行信息披露的行为进行调查和处理，并采取纠正措施以防止类似事件的再次发生。违规处理机制应包括明确的处罚措施和改进方案，以确保信息披露的规范性和可靠性。

（十）实施效果

实施上述框架和机制，有助于提高企业或组织的信息透明度和可信度，增强利益相关方的信任，并有助于遵守相关法律和监管要求，降低法律和声誉风险。通过建立和维护有效的信息披露考评框架和机制，企业和组织能够更好地管理信息披露风险，确保信息披露的质量和效果。

总体而言，信息披露考评的框架和机制是企业治理的重要组成部分，其有效实施能够显著提升企业的透明度和公信力，为企业的长期发展奠定坚实的基础。

三、前瞻性非财务信息披露对企业投资效率的影响

前瞻性非财务信息披露指的是企业在财务报表之外，披露与企业未来发展、战略方向、运营环境等相关的信息。这类信息通常包括企业的战略规划、市场预测、风险管理、环境保护、社会责任、创新研发等方面。前瞻性非财务信息披露对于提升企业的投资效率具有重要影响，具体体现在以下几个方面：①提高投资决策的透明度。前瞻性非财务信息披露能够为投资者提供更全面、更深入的企业信息，增加信息透明度。通过了解企业的长期战略、市场前景、创新能力和风险管理措施，投资者能够更准确地评估企业的未来发展潜力和风险，从而作出更明智的投资决策。这种透明度的提高有助于减少信息不对称，降低投资者因信息不足而导致的投资失误。②增强投资者信心。企业在披露前瞻性非财务信息时，展示其对未来发展的规划和信心，这有助于增强投资者对企业的信心。当投资者看到企业在创新研发、市场拓展、社会责任等方面有明确的目标和行动计划时，会对企业的长期发展前景更加看好，从而增加对企业的投资意愿。这种信心的增强可以带来更多的资

本投入，支持企业的持续发展。③优化资源配置。前瞻性非财务信息披露可以帮助投资者更好地了解企业的资源配置情况和未来的投资方向。例如，企业的创新研发项目、市场扩展计划、环境保护措施等信息都可以让投资者看到企业在资源配置上的优先级和战略意图。这有助于投资者更好地识别哪些企业具备高效的资源配置能力，从而将资金投向那些能够实现高回报的企业，提高整体的投资效率。④促进企业内部管理改进。企业在披露前瞻性非财务信息的过程中，需要对自身的战略规划、风险管理、运营效率等方面进行深入分析和评估。这一过程可以促使企业不断地改进内部管理，提高运营效率。例如，通过披露环境保护和社会责任方面的信息，企业可能会发现自身在这方面的不足，从而采取改进措施，提升可持续发展能力。这种内部管理的改进不仅有助于提升企业的竞争力，也能为投资者提供更可靠的信息。⑤提高市场反应速度。前瞻性非财务信息披露可以使市场对企业的动态变化和外部环境的反应速度更快。投资者可以根据企业披露的前瞻性信息，及时调整投资策略，抓住市场机遇。例如，当企业公布新的市场拓展计划或创新产品研发进展时，投资者可以迅速调整投资组合，最大限度地获取投资收益。这种市场反应速度的提高，有助于优化资金流动，提高市场整体效率。⑥促进企业与利益相关方的互动。前瞻性非财务信息披露可以加强企业与利益相关方之间的互动。企业通过披露与社会责任、环境保护、员工发展等相关的信息，可以与客户、供应商、社区和员工建立更紧密的关系。这种互动有助于增强企业的社会责任感和品牌形象，提升企业的市场竞争力。此外，利益相关方的反馈也可以帮助企业优化决策，提高运营效率。

前瞻性非财务信息披露对企业投资效率具有显著的积极影响。通过提高信息透明度、增强投资者信心、优化资源配置、促进内部管理改进、提高市场反应速度以及加强企业与利益相关方的互动，企业能够实现更高效的资本运作，提升市场竞争力和可持续发展能力。这不仅有助于吸引更多的投资资金，也能为企业的长期发展提供有力支持。

四、提升前瞻性非财务信息披露及考评机制的策略

前瞻性非财务信息披露对于企业的透明度、投资者信心和整体市场效率具有重要意义。为了确保这一信息的有效披露和考评，企业需要制定并实施一系列策略。以下是提升前瞻性非财务信息披露及考评机制的几项关键策略。

（一）建立明确的信息披露政策

1. 制定详细的信息披露政策

企业应制定涵盖前瞻性非财务信息的详细披露政策。该政策应明确规定需要披露的信息类型、披露的频率和具体方式。这些信息通常包括环境、社会责任、治理（ESG）指标、创新战略、市场预测和风险管理等方面。

2. 董事会和高层管理人员的支持

信息披露政策需要得到董事会和高层管理人员的批准和支持，以确保其在企业内部的

有效实施和执行。管理层的支持不仅能保证政策的权威性，还能推动全公司范围内的合规性。

（二）实施标准化的信息披露流程

1. 建立系统化的披露流程

企业应建立系统化的信息披露流程，包括信息收集、数据验证、内部审核和外部发布等环节。标准化的流程可以确保信息的准确性和一致性，减少人为错误。

2. 运用信息技术工具

采用先进的信息技术工具，如数据管理系统和自动化软件，能够提高信息收集和处理的效率。这些工具可以帮助企业更高效地管理大量数据，确保信息的及时性和准确性。

（三）增强内部控制和审计

1. 内部控制机制的强化

企业应强化内部控制机制，确保前瞻性非财务信息的真实性和可靠性。这包括建立严格的审计制度，对信息披露的每个环节进行监督和检查。

2. 独立的内部审计部门

设立独立的内部审计部门，定期评估信息披露的过程和内容。内部审计部门应具有足够的权限和资源，能够对信息披露的各个方面进行深入审查，并提出改进建议。

（四）培训和意识提升

1. 员工培训计划

定期开展信息披露相关的培训计划，提高员工对前瞻性非财务信息披露的理解和重视。培训内容应包括法律和监管要求、内部政策和最佳实践。

2. 提高全员参与度

通过宣传和教育活动，提高全体员工对信息披露重要性的认识，鼓励员工积极参与信息收集和披露过程。全员参与有助于提高信息的全面性和准确性。

（五）利用外部专家和第三方认证

1. 聘请外部专家

引入外部专家，特别是在环境、社会责任和治理（ESG）领域的专业人士，协助企业制定和评估前瞻性非财务信息披露策略。这些专家可以提供专业知识和独立意见，帮助企业提高信息披露的质量。

2. 第三方认证

通过第三方认证机构对前瞻性非财务信息进行认证，以增强信息的公信力和可信度。第三方认证能够提供独立的评估，确保信息披露的公正性和透明性。

（六）与利益相关方的沟通和互动

1. 建立有效的沟通渠道

企业应建立有效的沟通渠道，与投资者、客户、员工、社区等利益相关方保持密切联系，收集他们对前瞻性非财务信息的需求和反馈。

2. 定期发布报告和更新

通过定期发布前瞻性非财务信息报告和更新，向利益相关方展示企业在环境、社会责任和治理（ESG）方面的表现和进展。透明的信息披露能够增强利益相关方的信任和支持。

（七）持续改进和创新

1. 持续改进信息披露实践

定期评估和改进前瞻性非财务信息披露的策略和机制，根据市场变化和利益相关方的需求，及时调整披露内容和方式。

2. 采用最新技术和工具

利用大数据、人工智能和区块链等新兴技术，提高信息披露的效率和准确性。例如，区块链技术可以确保信息的不可篡改性，增强信息的可信度。

提升前瞻性非财务信息披露及考评机制需要企业从多个方面入手，包括建立明确的信息披露政策、实施标准化的披露流程、增强内部控制和审计、加强员工培训和意识提高、利用外部专家和第三方认证、与利益相关方有效沟通以及持续改进和创新。通过这些策略，企业能够实现更高效、透明和可靠的信息披露，提升市场竞争力和投资者信心，为企业的可持续发展提供坚实的保障。

参考文献

[1] 肖虹．其他综合收益会计信息研究［M］．厦门：厦门大学出版社，2019.06.

[2] 刘秀艳，王亚楠．会计信息系统应用［M］．北京：北京理工大学出版社，2022.09.

[3] 张玺亮，刘洪星．会计信息化［M］．北京：北京时代华文书局，2021.09.

[4] 何家凤．会计信息系统实验［M］．重庆：重庆大学出版社，2020.06.

[5] 董煜，吴红霞．会计信息化［M］．天津：天津科学技术出版社，2020.07.

[6] 吴海祺，杨绪梅，蔡燕．财务管理与会计信息化创新研究［M］．长春：吉林人民出版社，2023.02.

[7] 何克理．会计信息化［M］．上海：上海财经大学出版社，2019.11.

[8] 庞靖麒，张晓琳，卜艳艳．会计信息化用友 U8V10.1 版（第 2 版）［M］．北京：北京理工大学出版社，2022.01.

[9] 赵莹．会计信息系统实验指导［M］．上海：上海交通大学出版社，2020.03.

[10] 王海燕，王亚楠．会计信息化教学研究［M］．长春：吉林大学出版社，2020.03.

[11] 张星．会计信息化综合实训教程（第 2 版）［M］．上海：立信会计出版社，2021.08.

[12] 陈敏．高职院校会计信息管理专业人才培养研究［M］．合肥：中国科学技术大学出版社，2023.03.

[13] 傅萌．会计信息系统［M］．上海：上海财经大学出版社，2018.11.

[14] 马瑞鄄．会计信息系统［M］．西安：西北大学出版社，2018.11.

[15] 王鹏，刘明霞．会计信息化［M］．石家庄：河北科学技术出版社，2018.02.

[16] 荆新总．会计信息化［M］．成都：电子科技大学出版社，2018.06.

[17] 杨昆．会计信息化应用［M］．北京：北京理工大学出版社，2018.06.

[18] 伊静，刘会颖．会计信息化教程［M］．北京：对外经济贸易大学出版社，2018.08.

[19] 柴慈蕊，赵娴静．财务共享服务下管理会计信息化研究［M］．长春：吉林人民出版社，2022.01.

[20] 陆秋琴．会计信息系统原理、应用及实验（第 2 版）［M］．西安：西安交通大学出版社，2020.03.

[21] 张然．会计信息披露与资本市场定价［M］．上海：立信会计出版社，2020.03.

[22] 李新瑞，马晨佳．会计信息化综合实训基于用友 U8［M］．北京：北京理工大学出

版社，2022. 05.
［23］魏攀，李欣欣，刘丽霞．现代财务会计及其会计信息化研究［M］．北京：中国商务出版社，2021. 12.
［24］赵青华，刘小刚．Excel 会计信息处理［M］．成都：电子科技大学出版社，2019. 12.
［25］刘勤，吴忠生，刘梅玲，等．会计信息化发展趋势研究［M］．上海：立信会计出版社，2022. 12.
［26］李玥．会计信息系统理论与实务［M］．上海：上海交通大学出版社，2018. 06.
［27］刘金雄．会计信息价值相关性的差异化与趋同性研究［M］．沈阳：东北财经大学出版社，2021. 11.
［28］韩吉茂，王琦，渠万焱．现代财务分析与会计信息化研究［M］．长春：吉林人民出版社，2019. 06.
［29］张星．会计信息化综合实训教程［M］．上海：立信会计出版社，2019. 10.
［30］仲旦彦．当代会计信息化原理与应用研究［M］．北京：北京工业大学出版社，2019. 11.